斎藤一人

Saito Hitori

龍が味方する生き方

仕事も
プライベートも
人生思いのまま

斎藤一人
舛岡はなゑ
著

ゆほびかBOOKS
マキノ出版

はじめに①

成功のさらに上をいく〝大成功〟をつかまえる

斎藤一人

この本では、とても不思議な話をします。

不思議な話を信じられない人は信じなくていいんだけど、信じられるという人は、楽しいお話だと思って、どうぞ最後までおつき合いください。


昔から、「龍神様《りゅうじん》」に守られている人は強運だと言われています。

龍神様が味方した人は、普通の人にはできないようなことを成し遂げる。

実際に、龍神様にかわいがられたことで成功した人はなん人もいて、一人さんもそのひとりです。しかも、**私の場合は、成功のさらに上をいく〝大成功〟を遂げました。**

その大成功は今も続いているし、私はこれ以上ないってくらい幸せなんです。
なぜ、一人さんはこれほど豊かで幸せになれたのか。
龍神様に愛され、味方してもらえる秘訣《ひけつ》を、本書でみなさんに初めて明かしますね。

はじめに②

“本当の幸せの道”を歩んでいこう

舛岡はなゑ

いにしえの時代から、龍神様はこの世の守り神として、私たちとともに生き続けてきました。

龍神様は、私たちを平和に、そして幸せに導く、伝道師のような存在です。

自分を幸せにしよう。

そして、自分の周りの人も幸せにしよう。

このような考えを持つ明るく前向きな人は、龍神様が全力で応援してくれますので、本当の幸せの道へ導かれるのです。

自分を大切にして、その自分と同じように人のことも大切にできる人は、自分とほかの人の「差が取れる」ようになります。

絶妙な塩梅《あんばい》で周りの人とつき合えるし、そのことで、自分も相手も幸せにできる。差が取れるのは、「悟り（＝差取り）」を得た人なのです。

悟りを得た人だからこそ、龍神様が「すごくハッピーな考えだね」って褒めてくれるし、ご褒美もいっぱいくださるんですよね。


ただ……人間の心って、とっても脆《もろ》いもの。

あまりにも脳が発達したことで、自分の身を守ろうとする意識が必要以上に強くなり、先々を読み過ぎるようになってしまいました。

どうなるかわかりもしない未来に不安を感じたり、ちょっとしたことで悲観的になったり、些細《ささい》なことでイライラしたり。

そればかりか、周りの人に牙をむき出しにする人さえいる。

世の中は、そういう〝心の闇〟でいっぱいになり、悟りの世界には到底及ばない人であふれかえっています。

龍神様は、このことにとても心を痛めています。

みんなを幸せに導きたいのに、深い心の闇が、それを邪魔するからです。

その一方で、私たちの魂（＝本当のあなた）はいつも、幸せになることを望んでいます。

しかも、実は自分が幸せになれる道を既に知っている。

だから無意識のうちに、なんとか心の闇を払おうとして精神論を学んだり、自分が楽しくなれる場所へ足を運んだりするんですね。

あなたがこの本を手に取ってくださったことも、まさに「幸せになりたい」という魂の力によるもの。決して偶然ではありません。

闇に一筋の光でも差し込めば、その光を頼りに、もっと明るい場所へ向かうことができます。**ほんの少しの光さえ見つけられたら、あとは龍神様が力を貸してくれますから、間違いなく幸せの道に進める。**

本書では、あなたに光の場所を伝えるとともに、実際に龍神様に愛され、大成功ます。

した斎藤一人《さいとうひとり》さんの体験を交えながら、龍神様に好かれる方法を、すべてご紹介し

既にご存じのかたも多いと思いますが、一人さんは納税日本一の大富豪として知られるだけでなく、弟子の私たち（銀座まるかん正規販売代理店の社長）全員を豊かに、そして幸せにしてくれた人です。

これほど龍神様に味方してもらっている人は、世界中どこを探しても見つからないほど、一人さんは龍神様と仲よし。

仲よしどころか、大親友といってもいいでしょう。

そんな一人さんが、

「これで絶対、龍神様に愛されるよ！」

という秘訣を惜しみなく教えてくれました。みなさんの人生に、大いにお役立ていただきたいと思います。

お知らせ

本書は、龍神様という神様のお話をまとめたものですが、神様とはこの世界を創造したエネルギーを指します。私たちは特定の宗教とは関係ありませんし、楽しい趣味として神様の話をしているだけですので、ここにお知らせしておきます。

第1章　俺が最高にツイてる理由を知ってるかい？　斎藤一人

第2章　龍神様はあなたの横にいる！　舛岡はなゑ

第3章 ワクワク楽しんだ人だけが大成功できる 斎藤一人×舛岡はなゑ

第4章

運気を爆上げする「龍の力を得る秘術」

斎藤一人×舛岡はなゑ

第5章 「龍を味方にする生き方」が真の幸福をもたらす　斎藤一人×舛岡はなゑ

おわりに　あなたは、絶対、大丈夫！　斎藤一人……166

第1章

俺が最高にツイてる理由を知ってるかい?

斎藤一人

すべての生命の源は龍神様なんだ

古来、日本では、霊験あらたかな神様として龍神様《りゅうじん》が信仰されてきました。そのなかでも最高神として崇《あが》め奉られてきたのが、「八大龍王《はちだいりゅうおう》」です。八大龍王とは、ものすごく格の高い神様です。

宇宙を創造した大いなる神様（＝エネルギー）の使いとして、地球が誕生したときから、ずっと私たちを守り続けてくれている存在なんです。

龍神様のご加護を受けることは、全宇宙のエネルギーを味方につけるということ。

だから、**龍神様にかわいがられた人は、想像もつかないほどのツキに恵まれるんだ。**

みんなもいろんな物語やアニメなんかを通じて知っているかもしれないけど、龍は海や川などの水辺に棲《す》む生き物として知られています。

もっと言うと、龍は水から生まれたとも言い伝えられているんです。

つまり、龍神様は「水」と深い関わりがあるということ。

龍神様は、この世のエネルギーそのものであると同時に、「水神《すいじん》」でもあるんだよね。

水神は、乾いた大地に雨を降らせて豊かな実りをもたらしたり、洪水を防いで私たちの命を守ったりしてくれます。

水は、すべての生命の源。

そういう意味でも、昔から、龍神様に守られている人は強運の持ち主とされてきたわけです。

龍神様が〝無限の福〟をもたらすよ

八大龍王という名前を見てもわかる通り、龍神様は数字の「8」と関係があります。

この「8」という数字は、8神（8柱の神様）が1柱の大神《おおがみ》となったことを表しているとも言われますが、一人さんは「無限」を意味すると考えているの。

まず「8」を横に倒すと、無限を意味する記号「∞」になる。

それから漢数字にしたときの「八」が末広がりを表すことからも、「8」は無限の福を意味することがわかるよね。


龍神様とは切っても切れない関係にある水もまた、無限の象徴です。

なぜなら、水は永遠に循環し続けるから。

水は天から雨によってもたらされ、川となり、地上を潤しながら海に注がれます。

その過程で蒸発し、天に還《かえ》ると雲になって雨を降らし、再び大地に降り注ぐ。

こうしてぐるぐる回りながら、常に新しい真水が作られ続けている。

まさに命の源である、エネルギーの循環を表しているんだよね。わかるかな？

龍神様は、宇宙の四方八方にエネルギーをもたらして命を創造し、その命を守り

育んでくれる存在。

私たちに、無限の福をもたらす神様なんだ。

龍神様と縁の深い水は平和の象徴なんだ

龍神様は、助け合いと平和の象徴でもあるんだよね。

それは、龍神様と関係の深い「水」を見てもわかります。

水って目の前に障害物があると、その障害物をスーッと避《よ》けるでしょう？

川のなかに大きな岩があれば、それを避けて流れる。

蒸発した水が集まって雲になっても、山にぶつかれば避けるし、飛行機が飛んでいっても避けてくれる。

高いところから低いほうへ流れ、窪地《くぼち》があればそこに湖や池を作る。

水は、どんな形にでも順応するんだよね。

すごく柔軟なの。

それでいて、いくら切り離しても、すぐにまたもとに戻るという強さもあります。

平和とは、柔軟さと強さを併せ持っていなければ成しえないもの。

まさに、水は平和の象徴なんだよね。

雨が降って地上を潤し、また天に昇って雨になる……という循環を粛々と繰り返しているさまも、平和のイメージじゃないかな。

と一人さんは思っています。

日本は〝龍の国〟だって知ってるかい？

日本という国は、世界でも群を抜いて豊かな水に恵まれています。

日本には、川のない都道府県はありません。

都会だろうと田舎だろうと、大なり小なり川があるし、ちょっと地面を掘れば井戸水が出る。

「この辺りは水がないから住めない」という地域はないんだよね。

それはなぜかというと、日本が〝龍の国〟だからです。

水に恵まれているのは、龍神様に守られている証拠なの。

それとね、日本地図をよく見てごらん。

龍の形をしているのがわかるでしょう?

これは単なる偶然ではなく、日本が龍の国であることを示しているんだよね。


ただ最近は、大型の台風やなんかで大雨が降ることが増え、あちこちで河川が氾濫しやすくなっています。

そのせいで洪水が起きると、日本中に川が張り巡らされていることに恐怖を感じる人もいるの。

確かに、普通に考えたら、嵐は迷惑でしかないだろうね。

だけど嵐が起きるのも、それが必要だからです。

水は、太陽が当たると蒸気になります。

〝気〟が抜けるんだよね。

気って何かというと、エネルギーのことなの。

エネルギーが滞ってしまうと、そこはケガレチ（気枯れ地）となり、私たち人間や動植物の命はもちろん、地球の命をも枯らしてしまうんだよね。

人間も動物も、血液の循環が滞ると病気になります。

それと同じように、地球もエネルギーが滞ると元気がなくなっちゃうんです。

地球の元気がなくなるとどうなるんですかって、天災が増えたり、気候がおかしくなったりして、自然が壊れるの。

当然、生物は生きられなくなる。

地球の元気がなくなるって、ものすごく怖いことなんだよ。

そうならないように**エネルギーを循環させるのが、台風などの嵐**なの。

嵐によって海がかき混ぜられると、海のなかで大きなエネルギーが生まれ、また気が巡り始める。

そうやって命が守られているんです。

だから、日照りが続いて地上からたくさんの気が抜けてしまうと、その分、大きな嵐が起きたり、大雨が降ったりする。

このエネルギーを循環させる役割を担っているのが、龍神様なんだ。

つまり龍神様は、天候の神様でもあるわけです。

神話でもね、太陽の神様である天照大神《あまてらすおおみかみ》の弟は、須佐之男命《すさのおのみこと》という嵐の神様なの。

このことからも、太陽と嵐がセットでなければ地球で命を育むことはできないということがわかります。

現代人のほとんどは、嵐が神様だなんて思わないだろうけど、昔の人はこうした神話やなんかを通じて、嵐が来ないと海が死んでしまう、山が死んでしまう、川が死んでしまうってことを当たり前に知っていたんだ。

「昇り龍」だけじゃなく「下り龍」も大事だよ

海の水が蒸発して天に昇る。そのエネルギーを「昇り龍」と言います。

反対に、天から雨となって降りてくる水のエネルギーを「下り龍」と言うんだよね。

で、水が常に循環しているということは、昇り龍と下り龍も、休むことなく無限に巡り続けているってことなの。そうじゃなきゃいけないんだよね。

下り龍っていうと、まるで運気が落ちるみたいなイメージを持っている人もいるけど、実はそうじゃない。

昇ったエネルギーは、下がらなきゃ循環しません。

昇りっぱなしじゃエネルギーが循環しないから、**下り龍も、昇り龍と同じように大事なんだ。**

そもそも日本の神様は、天に昇りっぱなしじゃないんです。

外国の神様は、天に昇ったらそれで終わりということが多いけど、日本の神様はときおり地上に降りて人を導くんだよね。

天から降りてこない神様だと遠く感じるから、手の届かない存在として崇《あが》めるだけになっちゃうの。でも私たちの住む世界まで降りてきてくれる神様って、すごく身近に感じるし、親しみもわくよね。

それが日本の神様のいちばんの特徴であり、だから一人さんは日本の神様が大好きなの。

昇り龍と下り龍がもたらすエネルギーの循環は、こうした日本特有の神様に通じることでもあるんだ。

いっぱいの奇跡を俺は起こしてもらったんだ

一人さんは、龍神様が大好きなんです。

どんなふうに好きなんですかって、常に龍神様がそばにいてくれる気がするし、自分は龍神様の子で、うんと龍神様にかわいがられているんだっていう思いが強いんです。

それも普通の龍神様だけじゃなく、八大龍王に守られているという感覚。

ずっと昔からそういう不思議な感覚があったの。

物心がつくころ——たぶん3歳くらいには、もう龍神様のことを知っていたし、龍神様を身近な神様と感じていたんです。

龍神様のことを誰かに教わったわけじゃないし、何か知るきっかけがあったわけでもない。それなのに、なぜか龍神様をすごい神様だと知っていたんだよね。

それから今に至るまでの間にも、龍神様の勉強はしたこともないし、しようと思ったこともありません。だから、龍神様について詳しい知識はないの。

でもね、龍神様にいっぱい奇跡を起こしてもらってきたんです。

例えば、一人さんは小さいときから体が弱くて、幾度となく大きな病気にかかったの。

医者に「もうダメかもしれません」と言われたことも、1度や2度じゃない。

普通の人だったら、とっくに死んじゃってたかもわかんないよ。

世の中には、病気で亡くなる人が大勢います。

だけど俺は、どんな重い病気にかかろうと、なぜか死なずに回復しちゃう。

こうして、今も元気に生きているんだよね。

それはなぜかというと、間違いなく、**私が龍神様を信じていて、大好きだからだと思います。**そういう私を龍神様も好きでいてくれるから、守ってもらえるの。

おかげで、一人さんは死なずに済んでいる。

みんながどう思うかは別として、少なくとも、私はそう思っているんです。

何をしても成功か大成功しかないんだよ

どんな病気をしても死なないだけじゃなく、一人さんって、あらゆる場面で最高に運がいいんです。

いつも龍神様が味方してくれるから、当たり前にツイてる。

それも、人の何倍も強運なんだよね。

だから一人さんの人生には、失敗がありません。

何をしても成功か大成功しかない。

努力して特別なノウハウを学ばなくても、簡単にうまくいっちゃうんだ。


例えば、私は「銀座まるかん」という会社を経営しているんだけど。その経営手法は、言ってみれば戦国時代と同じなの。

正規販売代理店の社長でもあるお弟子さんたちと、おもしろがりながら、

「○○県は、はなゑちゃんに任せるよ」

「△△県は、みっちゃん（一人さんの弟子・みっちゃん先生）が担当してごらん」

という感じで、国取り合戦のゲームみたく、全国に販売代理店を作ったんです。

国取り合戦というと、お互いにいがみ合って争いが絶えないイメージがあるかも

しれないけど、うちはそこが違うの。

代理店の社長同士は争わないどころか、みんなものすごく仲がよくて助け合う。

どうすればお客さんに喜んでもらえるだろうか、お客さんが増える方法はなんだろうかってみんなで考え、**いい方法を見つけた人は、ほかの社長たちに惜しみなく教えます。**

だからみんな楽しく仕事をしているし、それで最高にうまくいっているんだ。

世の中には、いろんな経営手法があります。

近代的なノウハウもいっぱいあるけど、そのどれも、一人さんの経営手法には太刀打ちできないんです。

うちみたいに、全員が楽しく仕事をしながら豊かになれる方法はない。

そんな方法をパッと思いつくのも、私には龍神様がついてくれているからだよ。

他人を思いやれる人こそ龍神様に好かれるよ

龍神様は、いつも私たちを応援してくれている存在です。

でもね、龍神様に嫌われるようなことをしている人は応援してもらえない。

みんなだって、自分に不快な思いをさせる相手に対して、応援してあげたいとは思わないでしょう？　龍神様だって、それは同じなの。

なら、どんな人が龍神様に好きになってもらえるんですかって、

〝きれいな人〟です。

立ち居振る舞い、身なり、言葉遣い。

そういうのがきれいな人が、龍神様に好かれるの。

人を傷つけるようなことを言ったりしたりしない人、愛のある人だよね。

だから、立ち居振る舞いがきれいな人といっても、ただ礼儀正しければいいわけ

じゃない。いくら礼儀正しくても、裏で人をいじめたり、悪だくみをしたりするような人間じゃダメなの。

優しい人って、優しいオーラが出るものです。

そういうのが立ち居振る舞いにもにじみ出るよって、一人さんはそういうことを言っているんだ。

「こういうことをしたら、相手はどう思うかな？」って、自然に人を思いやれるかどうかが大事なんです。

それと、いつだって相手の肩の荷を下ろしてあげること。

目の前にいる相手に対して、「未来は明るいよ」と言ってあげられる人には、龍神様が味方してくれるんです。

世の中には、目の前の人にすぐ肩の荷を背負わせる人がいるんだよね。

例えば、なかなかいい仕事が見つからず悩んでいる人に対して、「ＡＩの時代（コンピュータやロボットなど、人工知能が広く普及する時代）が来たら、ますます就職先はなくなるだろうね」って脅すとか。

仕事を探している人に、なぜ不安になるようなことを言う必要があるんだい？

それって、単なるいじめだよねって。

どんな人でも、社会のお役に立てることがあるの。

あなただからできる仕事があって、それはＡＩの時代になろうがどうしようが関係ない。あなたにしかできない仕事が絶対あるんだよね。

相手を脅して心を重くする人と、「どんな時代でも、あなたなら大丈夫」と言って明るい気持ちにさせてあげられる人と、どちらが美しいですかって話なんです。


龍神様ってね、人の気持ちを軽くしたり、幸せになれる考え方を人に教えてあげたり、安心を与えたり、いい縁をつないだりする人が大好きなの。

だって、それってまさに龍神様がいつもやってることだからね。

相手を楽しませ、癒しを与えるって、龍神様のお手伝いをしているのと同じこと。

だから龍神様に好かれて、かわいがられるんだ。

一人さんみたくどこまでもツイてる人間になりたいんだったら、**人に心配を与えるんじゃなくて、人を安心させてあげられるような、優しいきれいな生き方をすること。**

そうすれば龍神様はあなたを応援したくてしょうがなくなるから、間違いなく最高に幸せな人生を送れるよ。

龍神様に嫌われるタイプはこんな人だよ

反対に、龍神様に嫌われるのはどんな人かというと、人を傷つけたりする、心のきれいじゃない人です。それから、しぐさがきれいじゃない人。

ただね、これまで龍神様に好かれなかった人でも、今ここから好きになってもらうことはできるよ。

急にはできなくてもいいから、考え方も、行動も、今より少しでもきれいにしてごらん。それに比例して、心が穏やかになってくるから。

それが龍神様に好かれ始めた合図で、だんだんいいことが起きるようになりますよ。

でね、言ってることは正論なのに、なぜか「この人の話は聞きたくない」と感じる人がいるんです。

そういう人の言葉をよく聞いてみると、言い方に愛が感じられない。

人の気分を重くするような言い方なんだよね。

それから、顔も違います。

笑顔ではなくて、不機嫌な顔になっているの。

だからどれほど正しいことを言っていても、周りは嫌な気分になるんだよね。

それに対して、周りから好かれている人は愛があるし、安心感で満たされているの。

世間はまだまだ、〝楽しい〟より〝正しい〟の常識論で生きている人が多いけど、龍神様はそれのもっと上――つまり、常識以上。

それは、本当の愛で生きることなんだよね。

愛とは自由なんだよ。

あのね、はなゑちゃんの知り合いに、ピアノの先生がいるんだって。

その先生は、ほかの先生に比べて子どもたちが長続きしているうえ、上達も早いって言うんだよね。

なぜかというと、その先生は子どもたちに、自由に好きな曲を選ばせてあげるから。

アンパンマンのアニメソングでもなんでもいい。

子どもたちが、「これを弾いてみたい」っていう曲でピアノの練習をします。

普通は「バイエル（ピアノの導入教材）」やなんかを使って練習するらしいんだけど、それよりも、子どもたちが楽しんで弾ける曲を優先しているんだよね。

楽しくてワクワクする曲からスタートすると、子どもはピアノが好きになる。

だから自然と、上達も早くなるわけ。

努力すればなんでもできるんだったら、誰も苦労しません。それでも子どもに努力を押しつけ、苦労させたいんだったら、試しにお母さんが、今からミスユニバースに応募してみてよって（笑）。お母さんが血のにじむような努力をして、それで結果を出せたらこっちも考えるから、まずは努力の重要性を証明してよって（笑）。

子どものためを思って口うるさくするって言うけど、本当の愛とは「自由」です。相手のことを心から思っているのなら、愛という名の束縛はやめて、自由にさせてあげることだよ。

うちの会社は赤字になったことがないんだ

常識を振りかざして人の自由を奪う人は、龍神様に嫌われます。

龍神様に嫌われるということは、平和が失われるわけですから、心も穏やかじゃなくなります。

それと、エネルギーも滞るんだよね。龍神様はエネルギーだから、嫌われるとエネルギー不足になるし、エネルギーの流れも悪くなる。

エネルギーが滞ると心身の不調を招くばかりか、間《ま》が悪くなっちゃうの。

間が悪いというのは、いろんな場面でタイミングが合わなくなるということ。

いい波が来ているのに、その波に乗れない。

仕事も家庭も人間関係も、全部うまくいかなくなってしまいます。

その点、龍神様に好かれている人は、あらゆることが、神はからい的にうまくいく。

普通は遅刻するとアウトになる場面でも、奇跡みたいに誰かが助けてくれたり、なぜか最終的にはピタリとタイミングが合って遅刻にならなかったり、むしろ遅刻したことでうまくいったり。

世の中が不況だろうと、そういう人は少しも影響を受けません。

龍神様に好かれた人はいつだって景気がいいし、どんどん豊かになります。

そんな人が本当にいるんですかって、一人さんがそうなんだよね。

うちの会社って、創業以来ずっと黒字なの。

どんな不況でも、1カ月たりとも赤字を出したことがないんです。

それは、龍神様が味方してくれているおかげで、あらゆることのタイミングが合っているからなんだ。

無邪気さを持った人が周囲も幸せにするよ

神様って、みんなすごく魅力的なんです。

観音《かんのん》様みたいに美しい神様もいれば、不動明王《ふどうみょうおう》のように力強さが魅力の神様もいる。

そのなかで、龍神様って抜群にかっこいいんだよね。

だから、アニメやなんかでもよく登場するんだろうけど。

それでいて、すごくユーモアもあるの。

龍神様は、おもしろいことや楽しいことがとにかく大好きで……つまるところ、無邪気に遊ぶことが大好きなんです。

一人さんの言う無邪気というのは、「こうしなきゃいけない」「これはダメ」みたいな決めつけで自分をがんじがらめにせず、自由に生きること。

我慢や苦労する必要はなく、好きなことをして楽しく生きるのが、幸せに続く真の道だと知っていることを、無邪気と言っているんです。

龍神様は、「ねばならない」とは反対の神様なんだ。

でね、楽しいことをしたって、人に迷惑をかけるわけじゃない。

あなたが好きなことを楽しめば、その姿を見た人も、つられて笑顔になるから。

あなたが無邪気で自由になれば、周りに迷惑をかけるどころか、むしろどんどん幸せを広げられるんだ。

空に龍の形をした雲が見えないかい？

龍神《りゅうじん》様は神様だから、私たちが生きている三次元の世界では、普通の人は肉眼で見ることはできません。

でも、龍神様はいつも私たちのすぐそばにいます。

そのことを実感できるように、龍神様は折に触れ、その姿を私たちにも見えるようにしてくれるんです。

一人《ひとり》さんが教えてくれました。

「ふと空を見上げたとき、雲が龍の形に見えることがあるの。

これは龍雲《りゅうぐも》で、雲龍《うんりゅう》とも言うんだよね。

言霊《ことだま》で、よい運が流れ込むという意味なんだ。

龍神様があなたのそばにいて、すぐ近くにいますよっていうサインでもあるの。

彩雲《さいうん》（赤や緑に染まったり、光り輝いたりしている雲）も龍雲だし、雲以外でも、木漏《こも》れ日《び》の光が龍に見えるとか、打ち水をしたときの水が龍の姿に見えたとき、虹が出たときなんかも、龍神様がそばで守ってくれているという吉兆なんだ。

龍神様は、そのときの環境や状況によって、いちばんわかりやすい形で現れるの。

だから人によって、いろんな現象で龍神様の存在を感じるよ。

なかには、空の雲が龍神様に見えるのは気のせいだとか、ただの飛行機雲だとか言う人もいるんだけど。

こういうのはね、龍神様を好きな人だけが、楽しく信じてくれたらそれでいい。

そう見える人にとっては、間違いなく龍神様なんだ。

ちなみに一人さんの場合は、雲や光が龍神様の姿として目に見えるだけでなく、なんとなく体がざわざわっとしたり、雨も降っていないのにポツンと顔に水滴が降ってきたような感覚があったり、急に風がサーッと吹いてきたりするの。

そういうのも、龍神様からのサインなんだ。

こうした現象が起きたときも、〝あ、龍神様が近くにいるな〟と感じたら楽しいよね」

私は全国で一人さんの教えを広める講演会を行っているのですが、そこに参加されたかたに聞くと、何かが体にふわーっと巻きついてくる感覚があるという例も。

体に巻きついてくるといっても、そのことで恐怖を感じるわけではなく、むしろ包み込まれるような温かさがあるそうです。

龍神様の姿を見たり感じたりし始めると、どんどんその回数が増えていき、龍神様をいっそう身近に感じるようになります。

するると、運勢を激変させるような幸運が立て続けに起きる。と一人さんは言います。

「しょっちゅう龍神様の存在を感じるということは、その人がものすごく龍神様に好かれて、いつも龍神様がそばにいてくれるからなんだよね。

それだけ龍神様にかわいがられたら、いいことが起きないほうがおかしい。

そういう人は、際限なく幸せになれるんだ」

実は一人さんと一緒にいると、晴れた日は毎日でも龍雲が見えるくらいなのですが、それはまさに、一人さんが龍神様に好かれていることの証《あかし》でしょう。

意識すれば誰でも龍神様を感じられるよ

龍神様の姿を見たり感じたりすることは、誰にでもできます。

という話をすると、「私はそういうものを感じにくい体質ですが、龍神様は私のそばにもいてくれるのでしょうか？」と不安に思う人もいるんですね。

私も以前は、「ただの飛行機雲」と思っていたひとりです（笑）。

でも一人さんによれば、そういう人でもまったく問題ないそうです。

「龍神様を感じられなくても、龍神様はあなたのそばにいるよ。

龍神様を感じられないからといって、ご加護を受けられないわけじゃない。

何も感じないからといって、不安がったり、心配したりしなくていいんだ。

龍神様を信じて、きれいに生きている人には、いつもそばに龍神様がいてかわいがってもらえるよ。

もっと言っちゃうと、龍神様を信じていなくても、楽しくてきれいに生きている人には、いつも龍神様がそばにいて助けてくれているんだ」

ただ、どんなに鈍い人でも、ふだんから意識的に空を見上げて龍雲を探したりしていると、たいていは見つけられるようになるものです。

一人さんいわく、「実際のところ、何も感じない人は、本来いない」から。

感じない、感じないって、自分が言い過ぎるから余計に感じなくなるんですよね。

一人さんがわかりやすく説明してくれました。

「新小岩《しんこいわ》駅の隣は、小岩駅なの。でね、新小岩から小岩へ行くと、なんとなくムードが違うんだよね。こういう感覚、誰にでもあるんじゃないかな?

あの人とこの人はムードが違うとか、いい人と嫌な人の違いがわかるとか。

みんな、そういうのを多かれ少なかれ感じ取っているの。ということは、ちゃんと感じられるということだよ。

龍神様の気配は感じませんって、それはあなたが〝私にはわからない〟と言い張っているだけなの（笑）。

自分で窓を閉めちゃってるだけで、本当はあなたにもちゃんとセンサーが備わっているんだよ。

自分が意識しさえすれば、龍神様の存在は誰でも感じられるの。

たとえ飛行機雲でも、それが龍みたく見えてきたら、それはあなたにとって立派な龍神様なんだよ。

それこそ、あなたが何も感じなくても、信じていなくても、龍神様はいつもそばにいてくれる。

意識すれば、だんだん龍神様を感じるようになるからね」

私の話をすれば、それこそ日常生活のあらゆる場面で龍神様を感じます。

雲や光が龍神様に見えるのは当たり前ですが、田舎道で見かけた〝たき火の煙〟だって、私にしてみれば、龍神様が天に昇る姿そのものなのです。

いちばん大切なのはきれいに生きること

龍神様はいつも私たちのそばにいて、みんなを守ってくれています。

「なかでも、龍神様はきれいな場所が大好きだから、きれいな場所には龍神様がたくさん集まってきてくれるよ」と、いつも一人さんは言います。

きれいな場所というのは、例えば建物が新しくてきれいなほうがいいとか、古い建物はダメだとか、そういうことではありません。

新しかろうが古かろうが、心地よい空間であることが大事なんですね。

例えば神社へ行ったときには、どんなに建物が古くても、清々《すがすが》しい気持ちになりませんか？

それは、神社がいつもきれいに掃き清められているからではないでしょうか。

神社に限らず、いちばん大切なのは、そこにいる人の心と生き方がきれいかどうか。

一人さんの言う〝きれい〟は、そういう意味なんです。

龍神様がたくさん集まるきれいな場所は、いわゆるパワースポットとして、強大なプラスのエネルギーを湛《たた》えた土地になります。

だからそこに身を置けば、あなたにもたくさんの幸運がもたらされます。

運気を上げたかったら、自分の家や職場に、たくさんの龍に集まってもらえるよう、いつもきれいにしておくといいですね。

もちろん、そこに身を置くあなた自身も、きれいで魅力的であること。

あなた自身も、ユーモアのある、明るく楽しい心でいることを心がけてくださいね。

それと、よくこんな質問をされるのですが。

「引っ越しを考えています。もともと龍神様がいっぱい集まる場所があれば、そういうところに住みたいので、教えてください」

この質問に、一人さんは次のような答えをくれました。

「この地球上に、龍神様と関係ない場所はないの。どんな場所でも、龍神様はいるよ。

なぜなら、地球上でエネルギーの流れが循環しない場所はないから。

龍神様はエネルギーのことを指すから、どこにでも龍神様はいるんだ。

例えば、海の場合は海流があって、水が流れることでエネルギーが循環している。

田舎へ行けば、カエルがいるの。カエルって、卵が孵《かえ》ったらオタマジャクシになり、カエルに成長するでしょう？　そのカエルがまた卵を生んで、オタマジャクシになって……というエネルギーの流れがある。この流れは、永遠に続くんだよね。

まさに、龍がそこにいることの証なの。

〝流〟という字は〝りゅう〟と読むけど、まさに〝龍〟を表す言葉なんだ」

第2章

龍神様はあなたの横にいる!

舛岡はなゑ

遊ぶほど成功に近づいていくよ

龍神様は子どものように純真無垢《むく》で、無邪気な魂が大好き。

そして遊びが大好き。

だから龍神様にかわいがってもらうには、私たち自身もうんと楽しく遊ばなきゃいけないいんですね。

普通の人は、仕事もしないで遊び回ったりすれば、収入が減って困ったことになると思い込んでいます。

だけど、**しっかり遊んで楽しんだほうが仕事はうまくいく。**

というのが真実です。

実際にうちの特約店さんにも、そういう人がたくさんいます。

お店を閉めて出かけるのが怖かったり、お客さんに申し訳なくて休めなかったという人が遊び始めると、なぜか急に注文が増えるのです。

遊びに出かけてお店を閉めていても、インターネットやメールで注文がたくさんくる。

お店を開けると、いつもの何倍もお客さんがきて、売り上げがさらに増える。

自分が楽しんでいると、休まず営業しているときより、断然うまくいくんですね。

うちでいちばん売り上げの高い人を見ていると、仲のいいお客さんと大衆演劇を観に行ったり、旅行に出かけたり、パーティをしたり。

びっくりするくらい、仲間たちと無邪気に遊び回っています（笑）。

誰よりもお店を休んでいるのに（笑）、なぜかいつも売り上げはトップなんです。

やっぱり、龍神様みたいに不埒《ふらち》じゃなきゃダメなんだなぁって（笑）。

一人さんはいつも、こう言います。

「真面目な人は、人にも真面目を強要するの。だから自分も相手も苦しくなっちゃうんだよ。それで商売がうまくいくわけがないよね」

本当に、その通りだと思います。

世の中には、遊びを勧めながら成功している人が少ないんですよね。

一人さんみたいに「遊んだほうがうまくいくよ」ということを証明している人もいるにはいますが、その数がものすごく少ないせいか、世間の常識になっていない。

だから世間では「遊び＝人生ダメになる」という間違った考えが主流となり、みんな遊ぶことに罪悪感を持つようになっちゃうんですよね。

たとえ遊んでも、「遊ぶと人生がダメになる」と思い込んでいるから、その波動（周波数）のせいでうまくいかないわけです。

この世には、「同じ波動のものが引き寄せられる」という摂理があります。

自分がどんな波動で生きているかで、引き寄せられる現実も決まってしまうんですね。だからこそどんどん遊んで、楽しい波動を出しながら仕事をしなきゃいけません。

心から遊びを楽しめるようになれば必ず成功できるし、間違いなく幸せに満ちた人生を手に入れられるのです。

幸せになることから絶対に退いちゃダメなんだ

私たち「銀座まるかん」では、20年以上前から、年に1回、『斎藤一人　愛弟子《まなでし》出陣式』と銘打った、盛大なパーティを開いてみんなで楽しんでいます。

その参加者は年々増え続け、最近では全国から2000人近くの人たちが集まり、日本一大きなパーティ会場がすぐに満杯になってしまうほど。

私たちはとにかく遊びが大好きなので、思い思いの華やかなおしゃれをしたり、たくさんの余興があったりしてそれはもう賑やかなんです（笑）。

なかでも、いちばんの見どころは、旗の入場です。

一人さんの直弟子である私たち（まるかん正規販売代理店の社長）のシンボル旗や、各都道府県の特約店さんの代表旗など、約70本の幟旗《のぼりばた》が続々と入場するさまは、まさに圧巻のひと言。会場のボルテージは一気に上がり、場内はゾクゾクするほどの高い波動に包まれます。

そして熱気も最高潮となるのが、最後に入場する「龍旗《りゅうき》」です。

赤地に黒文字で「龍」と入ったこの龍旗は、パーティを始めたばかりのころに、上杉謙信《うえすぎけんしん》にちなんで作ったものです。

小説『上杉謙信』（吉川英治《よしかわえいじ》著）に、上杉家に代々伝わる旗について触れたくだりがあります。それが、赤地に黒文字で「龍」と書かれた龍旗です。

通常、上杉家は戦場で毘沙門天《びしゃもんてん》の「毘」という文字が書かれた旗を掲げますが、ある特別なときには龍旗が掲げられます。

それは「一歩も退《ひ》くな」という合図を出すとき。

つまり、**龍旗は突撃旗で、前進あるのみという意味**です。

これがものすごくかっこいい！

しかも、一人さんはもともと龍神様に守られている人。

上杉家の龍旗に強いご縁を感じ、「龍旗を作りたいね」という話になったわけです。

パーティでは、龍旗が入場するときに、

「この旗のもと、まるかん隊は一歩も退かない！」

と力強く宣言します。

もちろん、一人さんは戦国武将ではないので戦はしません（笑）。

そこに込められているのは、一人さんの「幸せになることから絶対に退かない」

という強い思いなのです。

写真に写る光は龍神様からのメッセージだよ

龍神様は私たちとは違う次元に住む神様ですから、普通の人は、雲や光を通じてその姿を見ることしかできません。

ただ、人間のなかには特殊な能力を持つ人がいて、次元の違うものが見えたり、感じたりすることがある。

龍神様の姿が見えたり、音が聞こえたりするんですね。

その筆頭が、一人さんなんです。

こうした特殊な能力を持つ人の体験を総合すると、一人さんが言うように、龍神様は本当にきれいなものが好きなのだそう。

きれいな水や、きれいな場所、きれいな考え方、きれいな生き方、きれいな言葉、きれいな装い……龍神様は、きれいなものはなんでも大好き。

きれいな場所や、きれいな生き方をした人が被写体になったときなどは、写真を撮ると龍神様が写ることがあります。

肉眼では何も見えないのに、そこで撮った写真を見ると、龍神様が光になって写り込んでいるんですね。

その光にはいろんな種類があるのですが、写った光の見え方によって、龍神様からのメッセージを読み解くことができます。

光の種類は、大きく次の4つに分けられます。

そこに込められた龍神様からのメッセージとともに、簡単にご説明しましょう。

①被写体をふわりと包み込むように、光の囲いができている

光の囲いは「龍王結界《けっかい》」を意味します。

龍王結界は、龍神様がその場所やあなたを守ってくれているときに現れます。

②上から下に向かってだんだん太くなっている光

天から光が降り注いでいるように見える写真は、天からあなたに使命があることを意味します。

③下から上に向かってだんだん太くなっている光

地面から天に抜けるような光が写っているときは、あなたの願いが天に届いたことを表しています。

④上から下まで同じ太さの光

あなたがしっかりと天とつながっていることを表しています。

そのほか緑や赤、白といった太い帯状の龍体が写り込むこともあります。

龍神様は、いつも私たちのそばでメッセージを発信してくれています。

その言葉を人生に役立て、みなさんも、幸せの道をまっすぐに進んでくださいね！

パーティで起きた不思議な現象

実はこの本を書き進めているとき、ちょうど仙台で、はなゑ隊（私の会社・オフィスはなゑと、その傘下の特約店）のパーティが行われました。

そのとき、龍神様にまつわる不思議なことがたくさん起きたので、ここでいくつかご紹介したいと思います。

このパーティでは、年に1度の出陣式と同じようにたくさんの旗が入場するので

すが、ちょっとだけ心配していたことがあったんですね。

それは、女性の旗手がたくさんいたこと。

ご存じのかたもいらっしゃると思いますが、旗は決して軽いものではありませんので、華奢《きゃしゃ》な女性だと支えきれないことがあります。

なかでも大団旗は、男性ですら手こずる重さ。にもかかわらず、この日は大団旗の旗手も女性でしたから、私もハラハラしていたのです。

ところがパーティが始まってみると、女性もしっかりと旗を掲げて歩いている。懸念していた大団旗も、ふらつくことなく、堂々と入場行進しています。

驚いた私は、パーティ終了後に、旗手たちに話を聞いてみました。

すると旗手の多くが、口を揃えてこう言うのです。

「最初はすごく重く感じたのですが、いざ旗を掲げて歩き出したら、なぜかフワーッと軽くなったんです！」

こんな現象もありました。

旗の入場では、最後に龍旗が登場します。そのとき、先に入場した旗はみんな舞台やその脇に並んで待っているのですが、龍旗が入場した瞬間、先に入って待っていた旗に異変が起きたのです。

急に旗が揺さぶられたり、ずっしりと重く感じられたり。あんまり旗が揺れるので、支えきれず、倒れそうになった、旗手もいたほどです。

隣の旗と絡んでしまったのかと上を見ても、そういうわけではない。

旗の棒を床に立てて支えているだけですから、普通に考えたら、急に旗が揺れたり重くなったりするはずはありません。

なぜそんなことが起きたんだろうと、パーティが終わってからも、みんな不思議がっていたのです。

いよいよ龍神様が活躍する時代になったんだ

これらの現象の謎が解けたのは、後日届いた、1通のメールでした。パーティに出席していた、Aちゃんという10代の女の子から届いたメッセージです。

彼女はもともと特別な能力があり、日ごろから「三次元の住人ではないもの」が見えたり感じられたりするそうです。


Aちゃんから届いたメールは、こんな内容でした。

「パーティの日は、リハーサルのときから、会場内に赤や紫、黄色、白、青……といった、さまざまな色のきれいな龍神様がたくさん来ていました。

天井を埋め尽くすほどの龍神様が、私たちの頭上を舞っていたんです。

パーティが始まると、龍神様はそれぞれの旗について一緒に行進していました。

その龍神様たちが、最後に龍旗が入ってきた途端、一斉に活気づいたのです。

すごく楽しそうにはしゃいで、みんな一気にワーッと舞い出したので、龍神様たちがあちこちで旗にぶつかって……。

舞台の横に並んだ旗がすごく揺さぶられていましたので、旗手の人たちは、その揺れを抑えるのに大変だったのではないでしょうか？」

もう、びっくりです！

力のない女性でも旗を軽々掲げて歩けたのは、龍神様がそれぞれの旗について、手助けしてくれたからなのだと思います。

それから、旗が揺れたり重くなったりした理由も、ナルホド納得です。

きっと龍神様たちは、大好きな一人さんの龍旗が登場し、うれしくなったのでしょう。

実はAちゃんによると、パーティのときには、私の足にも龍神様が絡んでいたんですって。その話を聞き、みんなで「龍神様って男性なのかしらー」なんて大笑いしたのですが（笑）。

これほど楽しいことがあったのなら、私も龍神様が見たかったなぁと、Aちゃんの能力がなんとも羨ましくなるエピソードでした。

ちなみに、パーティで撮影した龍旗の写真がまたとんでもなく興味深いのです。

旗は赤い色なのに、真っ白の光に包まれ、まるで旗が燃えているように写っている。

白いものが白く光ることはよくある話ですが、赤いものが白い光に包まれるなんて、ほかに聞いたことがありません。

本当に、不思議な写真なのです。

こうした現象が立て続けに起きているのは、ひょっとしたら、**今、急激に龍神様のエネルギーが増強しているのかもしれません**ね。

いよいよこの世界で、龍神様の力が必要とされている——。

私は、そんなふうに感じています。

龍神様が活躍する時代になり、龍神様たちも張り切ってくれているのかな?

そう思うと本当に心強いし、ますますワクワクしてくるのです。

このことについては、第4章で詳しく触れます。そちらも楽しく読んでくださいね。

赤い龍旗を撮影したら、真っ白の光に包まれ、
まるで旗が燃えているかのように写った！

深刻に考える人には奇跡は起きないよ

さきほどご紹介した〝不思議な写真〟は、仙台のパーティに限ったことではありません。

年に1度の出陣式でも、龍旗が真っ白に光っている写真や、まるで燃えているみたいな写真が撮れていますし、私たちが神社やパワースポットなどで撮影した写真にも、青い光、緑の光、赤い光、虹色の光……が幾度となく写り込んでいます。

そういう意味では、私たちにとっては不思議な現象が起きるのは当たり前で、普通の人が首をかしげるようなことでも、あまり驚かないわけです（笑）。

一人さんにいたっては、それこそ日常が奇跡と不思議の連続。

私たち以上にクールです（笑）。

一人さんは、いつもこう言います。

「不思議なことがあると、みんなその裏側を知りたがるよね。〝なぜこんな写真が撮れたんだろう？〟とかって、その現象が起きた理由を探ろうとする。

でもね、**不思議なことは、深く知りたがっちゃいけないの。**

こういうことはね、知れば知るほど、なぜか奇跡が起きなくなっちゃうものだから」

特に、龍神様は楽しくてワクワクすることが大好きだから、なぜこうなるんだろうとか、深刻に考えちゃいけないんですよね。

深刻になると重いから、龍神様が嫌がるのです。

とにかく、気持ちは明るく軽く。それが鉄則。

だから一人さんの教えも、「これを実践すれば幸せになれるんだな」って、そういう軽い気持ちでやってみればいいんです。

それでだめなら、やめればいいだけの話。そんなふうに、なんでも軽く考えて実践したほうが効果は高くなります。

あれこれ考えないで、まずはやってみる。

それが、奇跡に出合ういちばんの近道なのです。

謎は謎のままで楽しめばいいんだ

だからといって、理屈のわからないことは信用できないという人に無理強いするわけではありません。

一人さんの教えを実践したい人も、そうでない人も、すべてそれぞれの自由。

どちらが正しくて、どちらが間違っているということではないんです。

というか、いくら一人さんの教えが優れていると言っても、疑いの波動を出している人が実践したのでは、残念ながら効果は得られません。

疑いの波動は、ますます疑いたくなるような出来事を引き寄せるだけだから。

それなら、むしろやらないほうがいいのかも（笑）。

「俺たちは単に、不思議なことが好きな人の集まりなの。

だから別に、不思議なことをみんなにも信じて欲しいと思っているわけじゃない。

信じられない人は、別に信じなくていいですよ。

ただ、俺たちは不思議なことって楽しいし、信じたいだけだから」

そう一人さんが言うように、私たちは趣味で不思議を楽しんでいるだけなのです。

同じ趣味の仲間が集まり、不思議な写真を見て楽しんだり、

「龍神様はいつもそばにいるんだ」

「私は龍神様に守られているから大丈夫」

って喜んだりしているだけ。

でもね、こういう気持ちが自信につながったり、勇気につながったりするんです。

だから奇跡だって、次々と起きるのでしょう。


そもそも、不思議な話ってどんなに調べてもわかりません。

科学で証明できないことは、いくら調べても答えが出ないものだから。

そんな、科学者ですらわからないことを、素人の私たちが考えてもわかるわけがないですよね（笑）。

謎は謎のままにしておけばいいんだよって、一人さんは言います。

「精神世界には、なんでもわかり過ぎないほうがいいという教えがあるの。

例えば、天皇家のことを詳しく知りたいと思っても、すごく謎が多いでしょう？

あれはね、謎であることがいいんだ。

もっと身近なことを言えば、男女のことだって謎が多い（笑）。

だけど謎があるから、いまだに男と女は恋をするんだよね。

もし男女がお互いの心をすべて読めるようになったら、とてもじゃないけど恋愛なんてできないよ（笑）」

明日は何が起きるかわからないほうがいい、明後日もわからないほうがいい。

何が起きるか全部わかっていたら、人生は少しもおもしろくないですよね。

それでいいし、それだから人生は楽しみや喜びに満ちているのだと思います！

第3章

ワクワク楽しんだ人だけが大成功できる

斎藤一人×舛岡はなゑ

どの世界で生きるかは自分で決められるんだ

斎藤一人《さいとうひとり》（以下、**一人**）　ここからは、対談の形で話を進めていきたいんだけど。

まずこの話をしようと思います。

あのね、この世は今、俺たちが生きている世界のほかに、幾通りもの〝人生〟が、同時に存在しているんだよね。

舛岡《ますおか》はなゑ（以下、**はなゑ**）　パラレルワールド（同時並行世界）と言われる世界のことですね？

一人　そう。で、人は誰でも、いつでも別の世界へ行くことができるんだ。

今は不幸でも、違う世界へ行けば幸せになれるの。

もちろん、今よりもっと不幸な人生が展開されている世界もあるけど。

いずれにしても、今の世界で生き続けるか、あるいは別の世界に移動して生きるかは、すべて自分次第なんだ。

どの世界で生きるのかは、みんな自分で決められる。

はなゑ 違う世界に行くと、同じ人でも違う人みたいになるんですよね。

例えば、今、この世界では部下を毎日怒鳴りつけている部長が、別の世界では部下をかわいがる優しい部長になっているとか。

一人 その通りなんだけど、厳密に言うと、相手が変わったわけじゃないんだよね。

あなたが住む世界が変わっただけなの。わかるかな?

毎日怒鳴ってばかりの部長がいる嫌な世界で生きるか、優しい部長のいる幸せな世界で生きるかは、自分に決める権利があるんだ。

はなゑ どちらでも、自分が好きなように決めていい。
といっても、誰だって今より幸せな世界へ行きたいですよね？
今より不幸になりたい人はいないと思います。
じゃあ、幸せな世界へ移動するにはどうしたらいいの？　ってことですが。

一人 それは、龍神《りゅうじん》様の背中に乗ることだよ。
この世界と違う世界をつなげてくれる存在が、龍神様なの。
龍神様の背中に乗って、楽しい世界へ移動すればいいんだ。

〝心の軽い人〟だけが龍神様の背中に乗れるよ

はなゑ だけど、龍神様の背中に乗れる人には条件がある。
楽しく生きている人じゃなきゃ、龍神様の背中に乗れないんですよね？

一人　そうだよ。ワクワク楽しんでいる人しか、龍神様の背中には乗れない。なぜなら、龍神様の背中に乗れるのは、〝心の軽い人〟限定だからね。乗り物でもエレベーターでも、重量オーバーすると動かなくなるでしょう？

それと同じで、龍神様の背中には重い人は乗れないの。

ただ、龍神様の世界は俺たちの住む三次元とは違う世界だから、物理的な重量ではなく、心の重さなんだよね。

日ごろから文句や不平不満が多い、不安や怖れで頭がいっぱいになっている、愚痴《ぐち》っぽい、意地が悪い……みたいな人って、いかにも重苦しいイメージでしょう？　そういう**心の重い人は、龍神様の背中に乗れない**んだよ。

はなゑ　反対に、人生を楽しんでいる、感謝できる、ものごとを深刻に考えない……といった明るい人は、龍神様にも好かれるし、常に龍神様の背中に乗って、より幸せな世界、もっと楽しい世界へ移動し続けている。

こういう人は心がとっても軽いから、いつでもパッと龍神様が背中に乗せてくれますね。

一人　**明るいって、「あ、軽い（あかるい＝明るい）」ということだからね。**

ワクワク楽しんでいる人は、じゃんじゃん龍神様の背中に乗って、幸せな世界へ際限なく移動し続けるんだ。

はなゑ　要は、自分の波動が「龍神様の波動と同じように高いか」「龍神様の波動より低いか」が分かれ道になるんだと思います。

心が重いと波動は低くなります。そうすると低いほうへ、低いほうへと落ちていくわけだから、龍神様の背中に乗ってもすぐに落っこちてしまう。

反対に、ものごとを軽く考えられる人は波動が高いから、龍神様と一緒に、より天国に近い世界へ行ける。現実では成功できる。

自分では龍神様の背中に乗っている感覚がなくても、楽しいときって、実はもう龍神様の背中に乗っているんですよね。

一人　その通りだよ。だから、ワクワク感があるときや楽しんでいるとき、幸福感があるときなんかは、「今この瞬間に、私は龍神様の背中に乗っているんだなー」と思っていいんだ。

はなゑ　あっ！　龍神様の背中に乗れるのは、気分がノッてるときでしょう？

「ノッてる＝乗ってる」だから、うまくいってるときは「ノッてる、ノッてる」って言うんですね。

わぁ、言葉っておもしろい！

まさに言葉通りなんですね。

実は龍神様の話をしているときって、こういう〝発見〞がすごく多いんです。

しゃべりながら、自分のなかで「そういうことだったんだ！」って腑《ふ》に落ちることもしょっちゅうあります。

それはもしかしたら、龍神様がくれたプレゼントなのかもしれませんね！

失敗した人こそが神様になれる

一人　俺はいつも、みんなの肩の荷を下ろしてあげたいと思っているの。

なぜなら、**心を軽くするって、肩の荷を下ろすことだから。**

心が軽くなきゃ、龍神様の背中に乗れないでしょう？

はなゑ　そうですね。肩の荷が下りると、心はすごく軽くなります。

世間では、苦労しなきゃ幸せになれないというのが常識になっていますが、「苦労」という名の荷物をずっしり背負っている以上、いくらがんばっても幸せになれません。

せっかく龍神様が「背中に乗りな」と言ってくれても、心が重い人は、何度乗っても落っこちてしまうから……。

その点、肩の荷を下ろせば心が軽くなりますから、龍神様がいくらでも幸せな世界へ運んで行ってくれる。

苦労なんかしなくても、はちゃめちゃに楽しい人生が待っています。

一人　ちょっと話はそれるけど、長野県の諏訪湖《すわこ》周辺に4つの境内を持つ、諏訪《すわ》大社《たいしゃ》という神社があるんだよね。

その御祭神《ごさいじん》である建御名方神《たけみなかたのかみ》は、日本一の軍神として知られているんだ。

だけど実は、建御名方神って、国譲りをかけた力勝負で武甕槌大神《たけみかづちのおおかみ》（茨城県鹿嶋市《かしまし》にある鹿島神宮《かしまじんぐう》の御祭神）に負けて、諏訪まで追い詰められた神様なの。

勝負に負けたけど、諏訪から出ないという約束で神様になったんだよね。

はなゑ　勝負に負けたのに、なぜ軍神なのでしょうか？

一人　普通、そう思うよね。でも負けたからこそたくさん学んだし、反省もした。日本って、そうやって神様になるんだよね。

失敗することによって反省し、それを人に伝えられるようになったとき、神様になれる。

だから**自分が失敗したときは、神様に近づいたと思えばいいんだ。**

失敗は悪いことじゃない。

必ず自分や人のためになる。

というような話を俺がみんなに伝えるのは、肩の荷を下ろしてあげたいからなの。心を軽くして、龍神様に乗れるようにしてあげたいからなんだ。

はなゑ　一人さんの言葉って魔法みたいで、聞くだけで本当に肩の荷が下ります。
今、教えてくれた話にしても、「失敗した人こそが神様になれる」と思えば、たちまち失敗に対する恐怖心が消えて、心は軽くなります。

私の講演会でも一人さんから教わった話をしますが、聞いた人はみんな肩の荷が下りるので、どんどん幸せになっていくんです。

「自分の周りから、嫌な人がひとりもいなくなりました！」

「信じられないくらい、仕事がうまくいくようになりました！」

「いいことばかり起きて、まるで違う世界にきたみたい！」

そんなふうに驚く人がたくさんいるのですが、肩の荷が下りると、それくらい人生が変わるのです。

問題が起きたら魂を成長させる考え方を選びな

一人

こういう考え方もあるの。

あのね、何か問題が起きると、目の前に階段が2つできるんだよね。

上へ登る階段と、下へ降りる階段。

はなゑ　目の前に、上と下への、分かれ道ができるということですね。

一人　そういうこと。で、階段を登っていく人もいれば、下に降りちゃう人もいる。

例えば俺の場合だと、病気ばかりの体に対してこう思うんだよね。

「どんな病気をしても死なないなんて、俺の体はなんて丈夫なんだ！」

普通、病気ばかりしていたら「俺は病弱でしょうがない」とかって思いそうなものでしょう？

だけど一人さんはそうじゃない。

むしろ、この強い体に感謝しているの。

で、病気になるたびに、

「何かの役に立つから、病気になったんだろう」

「また神様に近づけるぞ」

って、そういうふうに考えるんです。

なぜ俺ばっかり病気になるんだろうとか、そんなネガティブな思考は浮かびもしないいんだよね。

こういう前向きな人は、分かれ道で階段を上に登れるんだ。

ものは考えようなの。

魂が成長する考え方をするか。

それとも、ひねくれて歪んだ、魂の成長を止める考え方をするか。

上へ登る階段と、下へ降りる階段のどちらを選ぶことになるかは、そういう自分の「思い」の問題なんだ。

はなゑ　軽く考えられる人は、問題が起きたときに階段を登れる。

だけど、ちょっと問題が起きただけですぐクサる人――つまり、自分を責めたり、人を責めたり、文句ばかり言ったり、悪態をついたり。

そういう地獄目指しの考え方をする人は、問題が起きるたびに階段を降りることになるわけで。

やっぱり、重い考え方しかできない人は、重いから下にしか行けないんですね。

心が軽くなると不思議なことが起きるんだ

一人　龍神様ってね、すごく無邪気なの。

楽しいことやワクワクする遊びが大好きなんだよね。

それでいて、ものすごく愛が深い。

だから、我慢したり苦しんだり、怒ったりして気持ちを重くしている人は、龍神様の波動とは真逆《まぎゃく》なの。

この世界には、同じ波動のものが引き合うという法則があるから、そういう意味でも、心の重い人は、龍神様とは相容れないことがわかるんじゃないかな。

はなゑ　本当ですね。そういえば以前、私の講演会にいらっしゃった男性から、こんなエピソードを聞きました。

彼には娘さんがいるのですが、今までの人生で、ずっと娘さんのことを心配ばかりしてきたそうです。

ところが私の講演会で、

「親が楽しく遊んだほうが、子どもはいい子に育つ」

「子どもを心配すればするほど、親も子も不幸になる」

「自由に育った子ほど幸せになる」

といった話を聞いて衝撃を受け、劇的に気持ちがひっくり返った。

すると――その日、家に帰って講演会で撮った写真を見返そうとしてびっくり。

なぜか、写真のデータが全部消えていたのです。

カメラとスマートフォンの2台で撮影していたのですが、画像データが丸ごと消去されていた。

実はこのかた、20年以上カメラを趣味にしているプロ級の腕前を持った人ですから、誤ってデータを消してしまうなんて考えられません。ましてや、カメラのデータと同時に携帯のデータまで消えていたのですから、これは人為的なミスではないと思います。

一人　心が軽くなって住む世界が変わると、そういう不思議なことが起きたりするの。

特に珍しいことじゃないよ。

はなゑ　きっと、講演会でいろんなことが腑に落ちた瞬間、そのかたの心がパッと軽くなって、龍神様の背中に乗ったんでしょうね。

そして、違う世界に飛んで行った。

その境目にいるときに撮った写真だから、なんらかのエラーが起きてデータが消えてしまったのかもしれません。

この男性と娘さんとの関係は、これまでとは見違えるようにうまくいくようになりました。父親の前ではムスッとしていた娘さんが、今では心から幸せそうに笑うようになり、その姿を見ると本当にうれしくなるというのです。

私のスマホでも、ワククワク楽しんでいるときには、トリックアートのような不思議な写真が撮れることがよくあります。

こういう現象は、その人が別の世界に移動したことを示す、龍神様からのお知らせかもしれませんね。

ソウルメイトだったら龍の背中に一緒に乗れるよ

はなゑ　一人さんって、まさに昇り龍みたいな人ですよね。

絶対に歩みを止めないし、既にこれほど昇ってきているのに、まだまだ昇り続けている。

しかも、まるでエレベーターに乗っているみたいに、スーッと上がるんです。

ガタガタ揺れるとか、たまに急降下するとか、そういうハラハラする場面はまったくありません（笑）。

まるで息をするように、当たり前に上昇していく。

私が心底ありがたいなぁって思うのは、一人さんはひとりで上に行くのではなく、私たち弟子も一緒に引っ張ってくれることです。

魂的なご縁をいただき、一人さんのそばで、一人さんと同じ思いで生きていると、一人さんが一緒に龍の背中に乗せてくれるんです。

一人

魂的な縁がある相手のことを、ソウルメイトと言うんだけど。

はなゑちゃんをはじめ、お弟子さんたちはみんな俺のソウルメイトなんだよね。

ソウルメイトって、相手が龍神様の背中に乗ると、自分も一緒に連れて行ってもらえるの。

だから一人さんが楽しい世界に行くときは、はなゑちゃんも、恵美子《えみこ》さん（一人さんの弟子・柴村《しばむら》恵美子さん）も、みっちゃんも、ほかのお弟子さんもみんな一緒に行けるんだ。

それは、どんなソウルメイトでも同じ。

あなたが幸せになると、あなたと縁のある人も一緒に幸せな世界へ連れて行ってあげられるの。

もちろんその反対もあって、あなたが不幸になると、あなたの周りにいる人まで不幸にしちゃうんだよね。

一緒に悩み苦しんでも不幸が増えるだけ

はなゑ　だから一人さんはいつも、家に引きこもりの人がいても、働かない人がいても、家族が心配してそばにいちゃいけないって言うんですよね。

唯一助けられる方法は、外に出る元気のあるあなたが、どんどん外で楽しんで、幸せな世界へ行くこと。

そうすれば、ソウルメイトである家族を一緒に引き上げられるから。

一人　かわいそうだからって家族が一緒にいても、状況は悪くなるだけなんだよね。

一緒に悩み苦しむって言うと聞こえはいいけど、それって、相手の重い波動にあなたまで引きずられているということなの。

不幸を増やすだけなんだ。

はなゑ　このことはすごく説明が難しくて、なかには勘違いして、「苦しんでいる家族を放って遊びに行くなんて、そんな薄情なことはできない」という考えになってしまう人もいるのですが。

一人さんが教えてくれているのは、本当に相手の助けとなる愛とは何か、ということなんですよね。

まずは自分が幸せな世界へ行くことが、相手を救う唯一の方法であり、本当の愛です。

だから、もし引きこもりの子がいるのなら、とにかく親御さんが子どもを信じてあげること。

この子は絶対幸せになれるから大丈夫だと信じたうえで、「お母さん（お父さん）も楽しんでくるからね！」って、外に出て遊ぶ。

そうすると、やがて子どもは部屋の外に出てきます。

実際にそういう例を、私はいくつも見てきました。

一人

はなゑちゃんの講演会に来てくれる人たちの話を聞くと、**自分が変わることでソウルメイトも変わった**という話がいっぱいあるよね。

はなゑ

あります！　いつも怒ってばかりの旦那さんが急に優しくなった、気難しかったお父さんが明るくなった、上司が認めてくれるようになった……など、枚挙《まいきょ》に遑《いとま》がありません。

ただし相手の魂が同意していなければ、一緒に龍の背中に乗ることはできません。この場合、片方が違う世界に行くときには、相手とはお別れになります。

これが、〝縁が切れる〟ということ。

例えば離婚したり、会社でどちらかの部署が変わったり、いろいろな形で縁が切れることがあります。

実は神社やお寺へ行くと、池や滝のそばに龍神様がいるのですが、たいていそこには、龍神様と対のように不動明王《ふどうみょうおう》もいるんです。

そのことを以前から不思議に思っていたのですが……今、その理由がなんとなくわかった気がします。

これは私の推測ではありますが、龍神様はすごく優しいので、なかなか縁切りができないこともあるのではないでしょうか。

でも、縁切りが必要な関係はありますから、龍神様が縁を切れないときには、代わりに不動明王が愛を持って悪縁を切る。

つまり、魂の修行が終わって、卒業ということになります。

私はそんなふうに考えています。

楽しんでる親こそ子どもの可能性を伸ばすよ

一人　龍神様の背中に乗るときって、自分の魂も一段成長するんだよね。**心を軽くしよう、もっと軽くしようって思いながら生きていると、魂もどんどん成長するの。**

でね、今世《こんせ》の寿命が尽きても魂は死なないから、来世では、今世の続きからスタートになる。だから魂は、永遠に成長し続けるわけ。

その証拠に、今の若い子をよく観察してごらん。

昔の人より魂が成長した状態で生まれてきているから、最近の子はバカなことなんてしないんだよ。

一人さんの若いころなんて、ギャンブルにおぼれて全財産をすったとか、道端でグーグー寝てる酔っぱらいオヤジが当たり前にいたの（笑）。

だけど今は、あんまりそういう人を見かけないでしょう？

いないわけじゃないけど、すごく少なくなった。

人はどんどん魂を成長させていくから、だんだんそういうことをする人もいなくなるんだよね。

はなゑ そう思うと、子育てというのは、ますます子どもを自由にさせるべきですね。

だって、親の魂よりも、子どもの魂のほうが上をいってるわけでしょう？

一人 その通りなんだ。言っちゃ悪いけど、親のやることはもう時代遅れなの（笑）。

時代遅れのやり方を強制するから問題が起きるのであって、子どもの魂に任せちゃえば、困ったことは何も起きないよ。

はなゑ　これから子どもを生みたいと思っている人は、ぜひ一人さんの教えを学んで欲しい！

こんな目からウロコの話、ほかに教えてくれる人はいませんよね。

とにかく、親御さんには子どもを壊さないで欲しい。そう願っています。

一人　今の子どもたちって、ガラス細工みたく繊細だから。

大人が乱暴なことをすると、壊れちゃうんだ。

はなゑ　でも、繊細だからって育て方が難しいわけじゃないでしょう？

一人　難しいどころか、簡単になっているよ。

愛情さえしっかり注げば、あとは放っておいても大丈夫なんだから。

はなゑ　子どもを自由にさせていると、子どもは手探りしながら、自主的にいろんなことを模索し始めるんですよね。

自分で好きなことを見つけ、それを追求することを覚える。

自分でどんどん可能性を広げていくと思います。

一人　それを親が過干渉したり、「自由にさせて大丈夫だろうか？」みたいな心配をしたりして波動を重くするから、子どもの足が引っ張られるの。
親の重い波動が、子どもの可能性をつぶしちゃうんだ。

はなゑ　親御さんは、子どもを信じて「私も自由に楽しもう一♪」くらいの感覚でちょうどいいんですよね。

そうすると、子どもは失敗したとしても、チャレンジ精神を失いません。

いつも親の「大丈夫だよー」という軽い波動に包まれているから、どんな

失敗をしても、「こんなの大した問題じゃない」って思えるんです。

そもそも心の軽い人は、龍神様がどこまでも応援してくれるから、悪いようになるはずがありませんよね。

親子関係が明るくて軽い家庭は、親も子も、猛スピードで成功と幸せの世界へ飛んでいくはずですよ。

他人の魂の成長をあなたがあせっちゃダメ

一人

魂はどんどん成長しているという話になると、「ほかの人の未熟な魂を、どうやったら成長させられますか?」って思う人がいるかもしれないんだけど。

例えば、以前こんな質問を受けたの。

「車に乗っていると、前の車が窓を開けてタバコを吸い、そのままポイ捨てすることがあります。こういう人を見ると不快な気分になり、自分の波動が

乱れるのが嫌です。マナーの悪い人は、どうしたらいなくなりますか？」

あのね、嫌な人のせいで自分の波動まで低くなるって言うけど、あなたにできるのは、自分が人を不快にさせないことだけなの。

ポイ捨てする人を見て、あなたが気分を害する必要はないんだ。ただ、自分はポイ捨てをやらないだけでいい。

この世は、それだけでいいんだ。

でね、だんだんそういうマナーの悪い人も減っているから大丈夫だよ。

はなゑ　確かに、今はファミリーレストランなどの飲食店に入っても、混んでいるのはたいてい禁煙席です。タバコを吸わない人のほうが、だんぜん多い。

もちろん、マナーを守っている愛煙家のかたを非難するつもりはないのですが、いずれはタバコを吸う人自体、ほとんどいなくなるんでしょうね。

一人　そういうこと。**なんでもそうだけど、急いじゃダメ**なの。

人に迷惑をかける人が減るには、1000年とか2000年単位でかかるんだよね。

世の中がよくなるって、要するに自分の観念を強制する人がいなくなることだから。

観念のこり固まった人がだんだん減って、魂の成長した人――つまり、愛とは自由だということがわかっている人が生まれてくる。

そうやってだんだん世の中はよくなっていくの。

だから国同士で揉めていることやなんかも、あと1000年、2000年経てば、相当解決しているはずだよ。

はなゑ　ゆっくりだけど、確実に魂はよくなっている。成長していくんですよね。

一人　そうだよ。もし人間が退化しちゃったら、サルに戻っちゃうでしょう(笑)。そんなことはありえないよね。

魂だけじゃなく、世の中のものはぜんぶ進化するの。

なぜなら、神様はこの世を生成発展するように、つまりだんだんよくなるように作っているから。

だから何千年経とうが、何万年経とうが、俺たちはどこまでも進化できる。

ゆっくり進化していくから、自然に任せたらいいんだ。

あせって腹を立てても、心が重くなるだけ。

それじゃ龍神様にも好いてもらえなくなるから、あなたが損をしないためにも、あまり他人のことでイライラしないことだよ。

常識破りの考えこそがうまくいくコツだよ

はなゑ 人のことでイライラしたり、いちいち誰かに干渉したりするのって、エネルギーが自分に向いていないからですよね。
自分のエネルギーはすべて自分のために使う。

そういうスタンスでいれば、ほかの人のことで不快になったりしないはずですし、子どもに過干渉する暇もないと思います。

一人　その通りだよ。

あのね、一人さんの「**彼女（彼氏）40人説**」っていうのがあるんだけど（笑）。その説に照らすと、いろんなことがわかるんだよね。

例えば、世の中にはものすごい凶悪犯がいる。その凶悪犯に、彼女（彼氏）が40人いたらどうだろうかって考えてごらん。

はなゑ　間違いなく、凶悪犯罪なんか起こさないでしょうね（笑）。

一人　彼女（彼氏）が40人いれば、毎日楽しくて、犯罪のことなんか考えもしないよね。というか、40人の相手とデートしなきゃいけないんだから、忙しくてそれどころじゃない（笑）。

人を傷つけたり、悪いことを企てたりする人ってね、彼女（彼氏）が40人いないせいなの。と一人さんは思うんだ（笑）。

はなゑ　子どもに口うるさい親御さんも、彼女（彼氏）が40人いないからですね（笑）。

一人　そうだよ。もっと親も恋愛を楽しんだほうがいい（笑）。

なんて、もちろんそれは冗談だし、彼女（彼氏）40人説っていうのも笑い話で言ってるだけだよ。

どんなことでも笑いながら解決できるよって、俺はそういう楽しい考え方をする人間なだけなの。

要は、はなゑちゃんが言うように、あなたはどこにエネルギーを向けていますかっていう話なの。

それと、みんな常識にとらわれ過ぎちゃってるんだよね。

しつけの問題でもなんでも、まずは1回、常識をうたがってみないといけない。

そうじゃないと、いろんな問題は解決しないよ。

はなゑ 常識にとらわれ過ぎているから、いつまでも間違った行動をやめられないんですよね。

一人 そうだよ。さっきの彼女（彼氏）40人説だって、普通の人は「どうやって彼女（彼氏）を40人も作るの？」「そんなに恋人がいたら大変だ」とか思うでしょう？

一人さんはそんなこと思いもしないよ。

俺の場合は、彼女を40人に絞り込むのが大変なんだ（笑）。

でもね、龍神様に好かれたら、彼女（彼氏）の40人くらいわけない（笑）。

はなから、普通の人とは考え方が違うんだよね。

はなゑ　これからの時代は、それくらい常識破りの考え方をしたほうがおもしろいし、うまくいきますね。
みんなが今まで信じ込んできた常識は、もう通じない世の中なのです。

第4章

運気を爆上げする
「龍の力を得る秘術」

斎藤一人×舛岡はなゑ

大成功をもたらす「八大龍王の九字切り」

はなゑ　これは私が常々感じていることなのですが、一人《ひとり》さんって、生まれたときから八大龍王《はちだいりゅうおう》にかわいがられ、守られている人なんだろうなって。

一人さんが生まれてきたときに、八大龍王も一緒にこの地球についてきたのかもしれないと思うのです。

なぜなら、一人さんほど幸せで、奇跡が当たり前に起きる人は見たことがないから。

それと一人さんって、仏教や神道《しんとう》などの修行はいっさいしていないのに、あらゆる神ごとに通じているんですよね。

密教《みっきょう》や修験道《しゅげんどう》、陰陽道《おんみょうどう》などで行われる「九字切り《くじき》」も、そのひとつです。

九字切りというのは、簡単に言うと、魔を切って邪気を払う術のこと。

強いエネルギーを持つとされる、9つの漢字「臨《りん》・兵《ぴょう》・闘《とう》・者《しゃ》・皆《かい》・陣《じん》・

列《れつ》・在《ざい》・前《ぜん》（※）」の力を借りて、怖れや怒り、悲しみ、緊張といった心の闇を、明るい光で照らします。

普通は厳しい修行を通じてはじめて体得できる術なのに、一人さんの場合は、八大龍王のご加護を受けて、なんの修行もなく、自在に九字を切ることができるのですから本当にすごい！

（※）９つの漢字は、「臨《のぞ》める兵、闘う者、皆、陣を列《つら》ねて、在前《まえにあり》」という意味。
わかりやすく言うと、「自分の味方である、神々の軍隊が前方にいる」となり、まさに、神様が自分に味方してくれていることを表します。

一人　俺はね、特別な修行はおろか、精神論やなんかを誰かに教わったこともないし、本で研究したこともないの。

はなゑ　だけどなぜかいろんなことがわかるし、それでいて一人さんの教えは、どんな立派な精神論者にも負けない。

誰でも、やれば絶対に効果があるんですよね。

九字切りにしても、一人さんは八大龍王に守られているからこそ、何も学ばなくても「八大龍王の九字切り（以下、龍王九字《りゅうおうくじ》。やり方は134ページ参照）」というのができた。

本当にすごいです！

一人

八大龍王の結界《けっかい》というのは、俺たちを悪い波動から守り、運勢を上げてくれるの。龍神《りゅうじん》様のなかでも八大龍王の結界だから、ものすごいエネルギーなんだ。

龍王九字をすると、心が鎮まり、パワーがぐんぐん高まる。

そのパワーで災いから身を守りつつ、強運をつかむから、何をやっても成功か大成功しかないと私は思っているんだよね。

はなゑ　この龍王九字を、私たち（一人さんの直弟子）は30年ほど前から一人さんに教わってきました。

つまり、納税日本一の幸せ大富豪である一人さんをはじめ、一人さんの教えでとんでもなく豊かにしていただいた弟子の私たちは、龍王九字にどんな力があるのかを示す生き証人なのです。

神社で「お助けします」っていう言葉が降りてきた

はなゑ　龍王九字は本来、長い時間をかけて習得するものです。

なぜなら龍王九字は、瞬時にしてその場を浄化し、波動を高められるほどの、強力なパワーがあるからです。

それだけのエネルギーを持つ術を、普通の人がやすやすとは使いこなせません。

ですから私自身も、長い時間をかけて一人さんから教わり、ようやく身につけたわけです。

ただ……本当に効果の高い術だけに、なんとか一般のかたにも活用して欲しい。

私の中にはそんな思いがあって、長い間もどかしさを抱えていました。

それがようやく、ときを迎えたのです。

ちょっと前に、一人さんのもとに天からこんなお知らせがきたのです。

「龍王九字を公開するときがきました」

一人　で、一人さんと縁の深い香取神宮《かとりじんぐう》（経津主大神《ふつぬしのおおがみ》という神様を祀《まつ》った、千葉県香取市《かとりし》にある神社）へ行って、神様にご報告したんだよね。

「龍王九字をみんなに授けます」って。

はなゑ　私も同行させていただきました。

そうしたら、神様から

「お助けします」

という言葉が降りてきて……。

この「お助けします」というのは、**誰が龍王九字をしても効果が得られるように、香取様が助けてくださる**ということだと私は直感しました。

こうして誕生したのが、「八大龍王参り」です。

「ひとりさんファンの集まるお店」（東京・新小岩《しんこいわ》）で行っている八大龍王参りは、全国からたくさんの人が訪れていて、連日大賑わいです。

お店に行くと、店長さんが丁寧に龍王九字のやり方を教えてくれますので、その場ですぐに習得できます。

もちろん、どなたでも無料でお参りできますし、楽しく習得できます。

自分でできることは、自分でやったほうがいい。

誰かにしてもらうより、自分がしてあげられるようになったほうがいいよね。

簡単だから、自分で覚えるといいよ。

はなゑ ひとりさんファンの集まるお店では、訪れた人が九字を切るたびに、お店が浄化されて高い波動に包まれます。

すると、その場にいる人はみんなワクワク楽しい気分になるんですよね。

また、自分で九字を切ると、気持ちがスカッと晴れやかになったり、体が軽くなったりしますので、八大龍王参りをされた人は本当にいい笑顔になります。

とても楽しい八大龍王参りですから、みなさんも機会があったら、是非ひとりさんファンの集まるお店に立ち寄ってみてくださいね！

なお、遠いなどの事情があって、ひとりさんファンの集まるお店へ行けないかたは、136ページに龍王九字の作法をご紹介していますので、そちら

をご覧ください。

場が浄化されて必ず幸せになれるよ

はなゑ　ところで一人さん、今このタイミングで龍王九字が誰でもできるようになったのには、何か理由があるのでしょうか？

一人　それはね、**今こそ平和が必要だから**だよ。

はなゑ　21世紀は「魂の時代」。

本当に、自由な時代になりました。

全体のムードに合わせなきゃいけなかったこれまでの時代とは違って、これからは個人がどんどん活躍するようになる。

でもみんなが本当の意味で自由に生きるには、お互いに肯定し、理解し合

える心がなきゃうまくいきません。

ひとりひとりの心に、いっそうの平穏や平和が求められるということですね。

一人　そういうことだよ。

はなゑ　だからこそ、平和の象徴である龍神様の力を借りるときがきたんですね！

龍王九字をすると、誰がやってもその場の空気を変えられるし、浄化することもできます。

そういうのって、厳しい修行を積んだ人でもなかなかできないのですが、龍王九字はそこがすごい。

修行なんていっさい経験のない普通の人でも、簡単にできるのですから。

密教の修行をされているかたが、こんなことを言っていました。

「龍王九字は、普通の人がやっても、光が差し込んでその場が浄化される様

子がはっきりとわかります。

密教の修行をしている人でも難しいのに、本当に不思議です」

もちろん、**九字を切っている本人も一瞬にしてパワーがチャージされる。**

それは間違いなく、一人さんについている八大龍王がお手伝いしてくれているからでしょうね。

一人さんには、きっとものすごい数の龍神様がついていて、龍王九字をする人がどれだけ増えようと、みんな守ってくれるのだと思います。

一人

そもそも、俺のファンになってくれる人たちって、みんな優しいんだよね。自分もほかの人も、みんなで幸せになろうよって思ってる人ばかりなの。だから困っている人がいるとボランティアで助け合うし、平和を大切にしている。すごく謙虚で、愛があるんだ。

龍王九字をするのは、そういうきれいな心を持った人たちだから、それがなんん人になろうと、龍神様は喜んで守ってくれるよ。

はなゑ　龍王九字をすると、必ずなんらかの役に立ちます。

家族が笑顔になったとか、入院している人が元気になったとか。

そうすると人から感謝されるので、「自分は目の前の人をこんなにハッピーにできるんだ」って、すごい自信にもなるんです。

愛があって、自分にも誇りを持てる。

そんな人になってこそ、魂の時代を味わいつくすことができるのではないでしょうか。

コツは明るく軽い気持ちでやることなんだ

はなゑ　龍王九字をするとき、何か心がまえやコツはありますか？

一人　いちばんのポイントは、きれいな心だよ。

明るく、軽い気持ちで九字を切ってごらん。

それから、九字を切るときの動作も大事なの。

適当に切るのではなく、丁寧に、心を込めてきれいに切ること。

龍王九字は、見た目も美しくなきゃダメなんだ。

でもね、間違うことを怖れる必要はないよ。

特に覚えたてのころは順序を間違えたり、動作を間違えたりすることも多いと思うけど、気にしないでいい。

間違えたときも、それが正解だから。

ミスをしたからって、効果がなくなるわけでもないしね。

龍神様は優しいから、「それでいいんだよ」って許してくれるんだ。

はなゑ 龍王九字は、どんなときにするといちばん効果がありますか？

一人 いつでも、あなたがしたいときにすればいいの。

いつだって効果があるから。

ただ、龍王九字は回数を重ねるほど効果も得られやすくなるから、毎日したほうがいいよね。

もちろん一日に何回やってもいい。あなたの自由なんだけど、だからって一日に何百回もやる必要はないからね。

はなゑ　例えば、外出先で嫌なことがあったとします。
そういうときに龍王九字をすると、悪いエネルギーが浄化されますよね。

一人　そうだよ。もし周りに人が大勢いて九字切りができないときは、**心の中で九字を唱えるだけでもいい**んだ。

それから、誰かに龍王九字をしてあげたいときは、本人が目の前にいてもいなくてもいいし、相手に知らせなくてもいい。

本人が祈られているのを知っていても知らなくても、効果があるから楽しいんだよね。

はなゑ ましてや、愛で祈るわけですから、相手に黙って九字切りをしたからといって、悪いことが起きるわけがありませんしね。

いいことしか起きないのですから、幸せになって欲しい相手には、どんどん龍王九字をしてあげるといいですね。

また、嫌な相手にしてもOKです。

気の進まない相手と会わなければならないときは、事前に龍王九字をすることで、愛を持って悪因切りをする。

すると、相手がいつもより優しかったり、嫌味を言われずにすんだりしますよ。

お互いの幸せのために、龍王九字をどんどん活用してくださいね。

必ずツイてる人生に変わるからあせらない

はなゑ 生きていると、いろんな人に出会い、さまざまな出来事に遭遇します。うれしいことがあるとか、楽しいときはいいのですが、人生にはそうでないこともありますよね。嫌な人に出会ったり、不運なことが起きたりすると、どうしてもネガティブな波動に傾いてしまうのではないでしょうか。

そんなときこそ、龍王九字の出番です。

龍王九字をすると、魔を切って八大龍王の結界ができる。

すると一瞬で〝気〟の流れが変わるんですよね。

一人 そう、楽しい波動になるよ。

はなゑ 〝気〟というのは、宇宙に存在する、あらゆるエネルギーのことです。

つまり、龍神様そのもの。

暗く重い波動になっているときは、エネルギーが停滞しているということですから、龍神様の力を借りてエネルギーの循環を促せばいいわけです。

ところで、八大龍王参りをした人に話を聞くと、「龍王九字をすると、丹田《たんでん》（おへその少し下にある、気力が集まるとされるツボ）にドンッとエネルギーが入る感じがする」という感想をもらったりするのですが？

一人

なぜそういう人がいるのかはわからないけど、おそらく龍王九字には、それだけのエネルギーがあるんだろうね。

はなゑ

だからこそ、一人さんの周りには、「龍王九字をしても、少しも運勢がよくならない」という人はいないんでしょうね。

私はずっと一人さんのそばにいますが、龍王九字は効果がないという人に

会ったことがありません。

つまり龍王九字をした人は全員、何かしらよくなっているということです。

もしなかなか効果を感じられない人がいるとしたら、あまりにも心が重くて、その浄化に時間がかかっているのかもしれませんね。

でも龍王九字を続けているうちに、必ずツイてる人生に変わってきます。

ゆっくりでも大丈夫。

効果が出るのを待つ時間さえもワクワクに変えて、楽しみましょう!

怒りやイライラもすぐに消えていくんだ

一人　問題が起きたときに悩むのは、今のあなたに、その問題を解決するだけのパワーがないんだよね。

あなたのパワーに負えないことが起きているだけで、**あなたのパワーのほうが強くなれば、問題はあっという間に解決しちゃう**の。

そのパワーを上げてくれるのが、龍王九字なんだ。

もし、龍王九字をしてもなかなか問題が解決しないときは、まだまだあなたのパワー不足ということ。

何度でも、繰り返しやってごらん。

そのうちに、必ずあなたのパワーのほうが強くなって解決するから。

100日でも、1000日でも、九字を切り続けるといいよ。

はなゑ

迷ったときも、龍王九字をするといいんですよね。

迷うということは、本当はどちらでもうまくいくもの。

そういう軽い気持ちで龍王九字をしていると、本当に、どんな選択をしてもうまくいきます。

龍王九字をすると、運に勢いがついてスピード感も違ってきます。

最初はなかなか悩みが解消しなくても、龍王九字をしているうちに、問題解決までのスピードもどんどん速くなっていくはずですよ。

一人　それとね、怒りが消えないときや、イライラが止まらないときやなんかも、龍王九字がすごく効果的なの。

龍神様は平和の象徴だから、速やかに感情を鎮められるんだ。

誰かにナメられて嫌な思いをしているときも、繰り返し九字を切っていると、いつか必ず相手にナメられなくなる。

人が2人以上いるところでは、そのなかの誰かひとりでも龍王九字をすれば、全員がよくなるんだよね。

嫌なことが起きるということは、あなたの周りで誰ひとり龍王九字をしていないということなの。

だったら、あなたがすればいいだけの話だよ。

それで全部解決するんだ。

はなゑ　そうですよね。ちなみに、龍王九字をすると、「自分軸ができた」「自分に

素直になってきた」「魂力がついた」と言う人もいます。

龍王九字の効果は本当にひとりひとり違いますから、やってみなければあなたにどんな効果があるかわかりません。

でも、**あなたがいちばん必要としている現象が起きるはず**です。

一人 その通りだよ。朝起きたら九字を切り、寝る前に九字を切り、嫌なことがあったら九字を切り、気分がいいときにも九字を切る。

とにかく、何回でもやってごらん。

気がつけば、あなたの人生にはいいことばかり起きるようになっているからね。

不思議と当たり前に奇跡が起きるよ

一人 はなゑちゃんの会社に、タツヤ君（鈴木《すずき》達矢《たつや》さん）という部長がいるんだよね。

タツヤ君も、一人さんの教えを伝える講演会を全国で行っているんだけど、ある講演会でこんなことが起きたの。

参加者のなかに、もう何年も足の痛みが治らず、つらくて階段の昇り降りもできないっていう人がいたんだって。ずっと病院通いをしているって。

そこで、少しでも痛みが楽になりますようにって、会場の全員で龍王九字をしながら祈ってあげたの。

そうしたら、講演会の帰り道では普通に歩いて帰っちゃった（笑）。

はなゑ　そういう例、いっぱいあります！
私の講演会でも龍王九字をするのですが、早い人だと、その場で腰痛がなくなったとか、片頭痛が消えた、ひどい肩こりが治ったなど、奇跡がバンバン起きています。

一人　タツヤ君の講演会では、**お金の問題があっという間に解決した**という人もいるんだよね。

はなゑ　そうなんです！　Bさんという人が、タツヤ君に「龍王九字をしてもらえませんか？」ってお願いしてきたので、快くしてあげたらしいんです。

そのとき、タツヤ君はその人が何か問題を抱えていることも知らなかったのですが、後日、Bさんから連絡を受けてビックリ。

実はBさんの家族に入院している人がいるのですが、本人は意識がないので、ほかの人が勝手に銀行からお金を引き出せなかったらしいのです。

いくつかある銀行口座のどれもお金を引き出せないので、仕方なく、お世話をしているBさんが入院費用などを立て替えることにした。

とはいえ、ずっと立て替え続けるわけにもいきません。Bさんは「本人のお金を引き出せるようにして欲しい」と、何度も銀行に掛け合ったのです。

ところが、どの銀行も「現金を引き出すには、本人のサインが必要です」

の一点張り。

ほとほと困り果てていたとき、タツヤ君の講演会に出席することになり、龍王九字をしてもらったというわけです。

その翌日、再び銀行に問い合わせてみたBさんは、その返答に耳を疑いました。なんと、「お金を引き出せます」と言うではありませんか。

驚いて別の銀行にも連絡を入れてみたところ、そちらの銀行でも「本人のサインがなくても大丈夫です」と言います。

これまで何度頼んでもダメだったのに、突然ＯＫになるなんて、こんな奇跡はありませんよね。

一人

龍神様が、別の世界に連れて行ってくれたんだろうね。

前の世界には、融通の利かない銀行しかなかった。

それが新しい世界では、銀行も融通が利いて簡単にお金が引き出せた。

住む世界が変われば、そういう奇跡みたいなことが当たり前に起きるんだ。

脳出血で危篤だった中学生が回復したんだ

一人　恵美子《えみこ》さんが体験した奇跡も、すごい話なんだけど。

はなゑ　そうなんです。恵美ちゃんが、こんな体験談を明かしてくれました。

「私（柴村《しばむら》恵美子さん）の姪《めい》には、中学1年生の子どもがいます。

この子は生まれつき脳動静脈奇形《のうどうじょうみゃくきけい》（脳の血管に問題がある病気）で、脳の血管が切れやすいというリスクを抱えています。

もし血管が切れて脳内出血を起こすと、体にマヒが残ったり、命に関わったりする危険があるわけです。

その子がある日、突然倒れてしまった。

やはり脳出血を起こしていて、姪から連絡があったときには、〝今夜がヤマです〟と医師に言われるほどの危篤状態でした。

私は大変なショックを受けましたが、一刻を争う状況に、泣いている暇などありません。

〝八大龍王に守ってもらえるように、今から遠隔で祈るからね！〟

そう伝えて電話を切ると、すぐにその場で龍王九字をしました。

姪の子は、私が住んでいるところから遠く離れた場所にいます。

でも、龍王九字に距離は関係ありませんので、いつでも、どこからでも祈りを送ることができます。

すると、20分ほど後に再び姪から電話がきて、こう言われたのです。

〝八大龍王のパワー、ちゃんと届いたよ！　きっと大丈夫だよね！〟

実は私が電話を切った後、姪のいる場所は、急にものすごい土砂降りの雨が降ったのだそう。

きっと私の祈りを受け、八大龍王がすぐさま魔を切ってくれたんですね。

土砂降りの雨は、これで守られますよっていう合図だって。

その証拠に、**危篤だった子はまもなく目を覚まし、危機を脱しました。**

ただ重篤な状態だったため、意識が戻ったときには左半身にマヒが残って……。

みんな心配していたのですが、なんとそのマヒも数日で回復し始めたのです。

左足を触ると、その刺激に反応して足が動くようになり、顔も左半分だけ笑えなかったのが、徐々に笑えるようになったのです。

倒れて1週間が経つころには、もう一般病棟に移れるほどに回復。

中学生という若さもあると思いますが、驚くほどの回復ぶりに、龍神様の偉大さを感じずにはいられません」

「魂助け」であなたの運勢もグンと上がるよ

はなゑ　思いがけず亡くなった人や、この世に未練を残しながら亡くなった人のなかには、自分が死んだことを受け入れられず浮遊霊になる魂もあります。

成仏できず、あの世とこの世の堺で浮遊しているんですよね。

成仏できないと苦しいから、生きている人に取り憑《つ》いて助けを求めることがあって。

そうすると、取り憑かれた人は体調が悪くなったり、精神的にまいったりするから、浮遊霊はみんなに怖がられちゃう。ですが、浮遊霊も最初から悪い魂だったわけじゃありません。

成仏できない苦しみで悪さをしているだけだから、誰かが成仏させてあげたら、本来の、優しくて愛のある魂に戻ります。

その、浮遊霊を成仏させてあげる方法として有効なのが龍王九字です。

交通事故がよく起きる場所や、人が大勢亡くなった場所などで龍王九字をすると、浮遊霊が成仏して自分の運勢がよくなるんですよね。

一人

そういうのを、「魂《たましい》助《たす》け」と言うんだ。

助けられた霊はすごく喜んで、助けた人の味方になってくれるの。

だから、**魂助けをした人は運気がよくなるんだ**よ。

成仏させてもらえるんだから、浮遊霊にとってこんなにありがたいことはない。

そして、成仏させてあげる俺たちも、霊に喜んでもらえるからうれしい。

魂助けは、お互いにとっていいことなんだよね。

はなゑ それと、浮遊霊に取り憑かれやすい人が龍王九字をすると、龍王結界ができて、取り憑かれにくくなるというメリットもあります。

龍王九字は誰でもできるうえ、人間にも霊にも効果が得られる。

これ以上ない、最高の開運術なのです。

浄霊の旅はどんな旅より楽しいものなんだ

はなゑ 2011年の東日本大震災では、多くの尊い命が失われました。

そこで私たちは、苦しんでいる霊が成仏できるように、龍王九字をしてあげようっていう話になって。

一人　東北へみんなで浄霊《じょうれい》の旅に出かけたんだよね。

はなゑ　現地について、早速、みんなで龍王九字をしました。
そうしたら、神様や霊が見える能力を持った人が、「わぁ、たくさんの魂が天に向かってます！」って。
私たちが龍王九字をした途端、キラキラと光る魂が、どんどん空に向かって昇って行ったそうです。
このときの旅には、お坊さんも参加されていたのですが、そのかたにも霊が光を放ちながら成仏していくのがわかったそうです。

一人　そういうのって、すごく楽しいんだよね。

なぜなら**人はみんな、誰かの役に立ちたいという思いを持っているから。**

真心と愛を持っている。

だから、成仏できず困っている霊を助けてあげられたと思うと、それだけでうれしいし、楽しくなっちゃうの。

それにね、霊のほうが「成仏させてくれてありがとう」って、お礼をくれるの。

龍王九字で浄霊すると、即座に晴れやかな気分になるとか、うれしくなるとか、ワクワクしたりするんだけど、それって霊からのお礼なんだよね。

だから浄霊の旅というのは、普通の旅とまた違った楽しみがあるもんなんだよね。

はなゑ 自分が誰かの役に立っている喜びって、ハンパない。
おかげで、浄霊の旅は本当に楽しかったです！

「龍王九字」のやり方

九字《くじ》切《き》りといえば、映画やアニメでもおなじみ。忍者や僧侶が手刀を作り、「臨《りん》・兵《ぴょう》・闘《とう》・者《しゃ》・皆《かい》・陣《じん》・列《れつ》・在《ざい》・前《ぜん》」という9つの漢字を唱えながら、手刀で十字を切る姿を、みなさんも見たことがあるのではないでしょうか。

9つの漢字の意味は、「臨《のぞ》める兵、闘う者、皆、陣を列《つら》ねて、在前《まえにあり》」。もっとわかりやすく言えば、**「自分の味方である、神々の軍隊が前方にいる」**となり、まさに神様が自分に味方してくれていることを表します

ここでご紹介する「龍王九字《りゅうおう》」も、基本動作は一般的な九字切りと同じです。

九字を切る際に重要なのは、明るく、軽いきれいな心で行うこと。動作も丁寧に、心を込めて努めてきれいに行いましょう。

一日のうちで行うタイミングは、いつでも自分のしたいときにすればいいと思います。

効果を得やすくするには、毎日行うといいでしょう。もちろん、一日に何回やっても構いません。

もし九字切りの動作や発声ができない状況のときには、心の中で九字を唱えるだけでもOK。

自分以外の人に龍王九字をしてあげたいときには、本人が目の前にいてもいなくてもいいし、相手に知らせなくてもいい。それでも、効果があります。

それでは、実際に次ページからその作法を見ていきましょう。

「龍王《りゆうおう》九《く》字《じ》」のやり方

1

両手の人差し指と中指で「ピース」サインを作り、チョキにした指を揃えて「刀」を作ります。胸の前で、右手を上に左手を下にして、右手のピース以外の3本の指で左手の刀部分を握ります。

2

「南《な》無《む》八《はち》大龍《だいりゆう》王《おう》　助けたまえ」という真《しん》言《ごん》を唱えます（「南無」は、「信じる」という意味）。

3

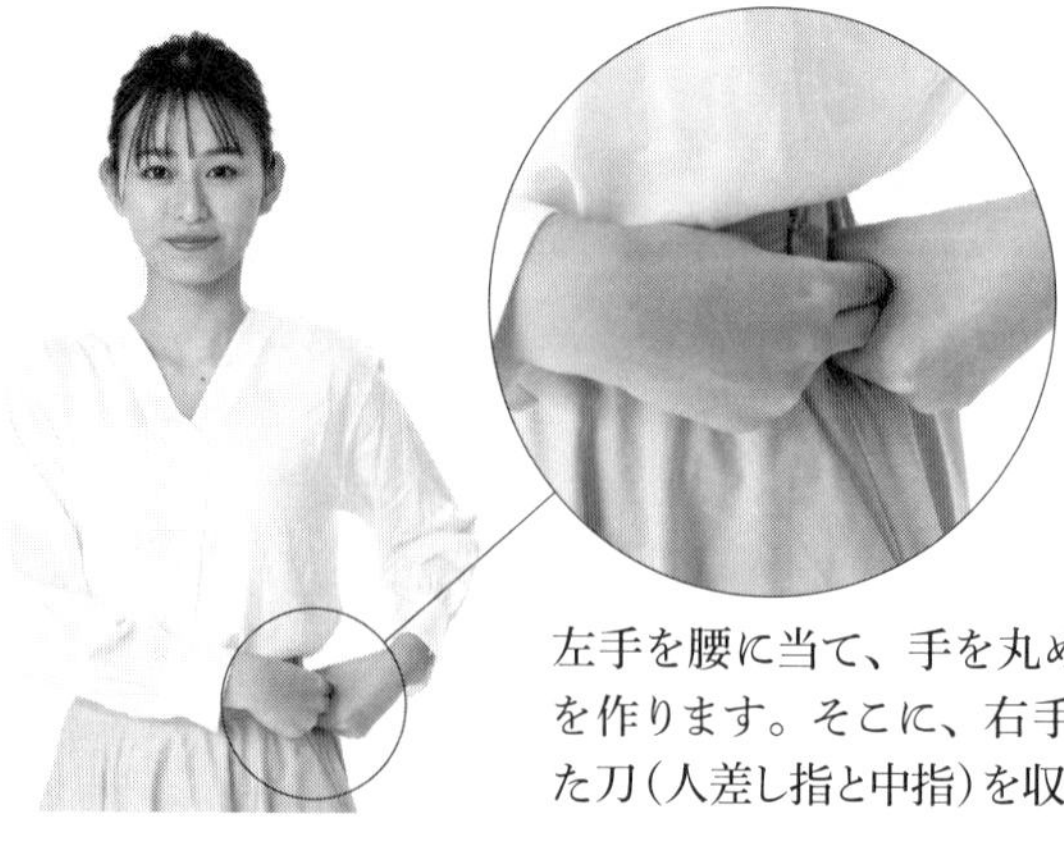

左手を腰に当て、手を丸めてさやを作ります。そこに、右手で作った刀（人差し指と中指）を収めます。

4

右手の刀を抜き、「臨《りん》・兵《びょう》・闘《とう》・者《しゃ》・皆《かい》・陣《じん》・列《れつ》・在《ざい》・前《ぜん》」と唱えます。この際、顔の前で右手の刀で「横→縦→横→縦」の順に、空中に縦4本、横5本の十字を描きます（線の長さは30 ～ 40cm程度）。

5

胸の前で右手の刀で「レ点」を描くように、「臨・前」と唱えます。

6

1のポーズに戻り、「臨・兵・闘・者・皆・陣・列・在・前」と唱えながら、丹田（おへその少し下にある、気力が集まるとされるツボ）に気を込める。そして、力強く「えいっ!」と唱え、気を解放し、その感覚をじゅうぶんに味わう。

7

胸の前で手を合わせ、龍王九字を手伝ってくださった八大龍王やほかの神々に「ありがとうございました」と感謝を小さく口にする。

注：外国人のかたが龍王九字をする場合は、すべて日本語で覚えましょう。
例えば「南無八大龍王　助けたまえ」の部分では、助けたまえを「help me」と言わず、「tasuketamae」(タスケタマエ)と唱えます。

なお、ここでの説明だけでは伝わりにくい部分もありますので、本書では解説動画を添えさせていただきました。以下にあるQRコードをスマートフォンやタブレットで読み込み、YouTubeにアクセスしてご視聴ください。

写真：菅沢健治　モデル：天野ちえ

第5章

「龍を味方にする生き方」が真の幸福をもたらす

斎藤一人×舛岡はなゑ

あなたも「龍族」の魂を持っている

はなゑ　その昔、「龍族《りゅうぞく》」と呼ばれる人たちがいたそうですが、龍族ってどういう人たちなんですか？

一人　龍族というのは、いつも龍神《りゅうじん》様の存在を身近に感じていて、自分は龍神様に守られていると信じている人たちのことを言うんだ。

龍族は龍神様が大好きで、そんな龍族のことを龍神様も大好きなの。

だから、**龍族はものすごく龍神様に守られている。**

今はもう龍族はいないと言われているけど、龍族は間違いなく存在したと私は思っているし、龍族の魂を持つ人たちは今も残っていると私は思っている。俺みたいにね。

と俺は信じているんだよね。

それとね、最近、これまで縁のなかったような人たちがどんどん集まって来てるようなんだ。


はなゑ　確かに最近、私の講演会に来てくださるかたのなかにも、

「斎藤一人さんのことを知ったのは、１カ月前です」とか、

「数週間前に、偶然ＹｏｕＴｕｂｅ（動画共有サービス）で一人さんの話を聞いて共感し、はなゑさんの講演会に興味を持ちました」とか、
というような人がすごく多いんです。

それと一人さんファンを観察していると、海外に住んでいる人や、外国人もずいぶん多くなったように思います。

こうした変化を不思議に思っていたのですが、それって龍族の魂を持っている人たちが引き寄せられているのですか？

一人　そういうことだと私は思うよ。もちろん本人は龍族の魂を持っているなん

て知らないだろうし、今まで龍神様を好きだと思ったことすらない人もいる。だけど龍族の魂を持っている人たちは、どんなに遠く離れた場所でも、龍神様に関係するところに引き寄せられるんだよね。

偶然、人づてに俺のことを聞いたり、本屋さんでたまたま俺の本を手に取ってくれたり、ＹｏｕＴｕｂｅで俺の話に行き着いたり。

今この本を手に取ってくれているあなただって、龍族の魂を持っているかもしれないの。

あなたが意識していなくても、きっと魂が龍神様を求めているんだろうね。

はなゑ　やっぱり、そうだったんですね！

興味深いのは、今まで一人さんの存在すら知らなかった人でも、会って話をしてみると、私たちとほぼ同じ波動というか。

言葉ではうまく説明できないのですが、「あぁ、この人は一人さんの教えをよくわかっている」ってすごく感じるんです。

特に龍神様の話になると、それはもうみんな楽しそうで。

一人

龍神様の話を聞いて楽しそうにしたり、興味を示したりする人は、みんな龍族の魂を持っていると思うよ。

でね、俺たちが龍族の魂を持っている人を集めようとしなくても、ただ龍神様の話をしているだけで自然に集まってくる。

それが龍族の楽しいとこなんだ。

はなゑ

特に今は龍神様が活躍する時代になり、自然の流れで、私たちも龍王九字《りゅうおうくじ》をみんなに紹介しています。

私たちが龍神様からいただくエネルギーも、大きく濃くなっている。

だから、今までは私たちの波動をキャッチできないくらい遠く離れていた人でも、今はこちらの波動が強くなったことでキャッチできるようになり、引き寄せられているんでしょうね。

一人　そうだと思うよ。

空海や日蓮も龍族だと思うよ

はなゑ　一人さんは、昔からずっと「俺には龍神様がついてくれているんだ」と言い続けていました。
だけど一人さんの場合は、龍神様のなかでも最高神の、八大龍王《はちだいりゅうおう》に守られている。ということは、一人さんは龍族の長《おさ》じゃないかと思っているのですが？

一人　さあな。そんなことはどうでもいいんだよ（笑）。
ただ、自分が八大龍王に守られていることは、いつも感じているんだ。
俺の人生は、それこそ水のようにサラサラと、当たり前のごとくすべてが

うまくいく。八大龍王という最高神がついてくれているから、こんなにツイてるんだろうなって。

でもね、みんなだって龍神様に味方してもらえば、一人さんみたくどこまでも運はよくなるよ。

ちなみに、過去の偉人を調べると龍族ってたくさんいるんだけど、あの弘法大師《こうぼうだいし》（空海《くうかい》。真言宗《しんごんしゅう》の開祖）や日蓮上人《にちれんしょうにん》も、間違いなく龍族だと思うんだ。

はなゑ　やっぱり、そうですよね。

一人　例えば「お遍路《へんろ》」と言って、かつて弘法大師が修行した四国の寺院を辿《たど》る聖地巡礼があるでしょう？　あれは、全部で88カ所の寺院を回るんだよね。

ほら、ここでも〝8〟の数字が出てきた。

これは、弘法大師が龍族の魂を持っているということの証明だと思うんだよね。

はなゑ 本当だ！　わぁ、四国88カ所にそんな意味が隠されていたなんて！　この事実を知ると、お遍路の旅もまた違った味わいがありますね。それにしても、龍神様にまつわる話って、聞けば聞くほどおもしろい。ますます龍神様が好きになりました！

講演会が縁での結婚が急増してる

はなゑ 最近、私の講演会にいらっしゃる人がどんどん結婚しちゃうんです（笑）。連続してカップルが誕生したので、ちょっと驚いているのですが。

一人 そういうのを、「龍穴婚《りゅうけつこん》」って言うの。

人間も動物も同じなんだけど、みんなそれぞれ落ち着ける場所があるよね。自宅をはじめ、いつも行く居酒屋さんとか、馴染みの喫茶店とか。そういう、自分の心を落ち着ける場所がないと、俺たちは生きていけないの。

龍神様も同じように、自分がリラックスできる場所を持っている。それを「龍穴」と言うんだよね。

で、2つのリラックスできる場所がくっつくと、龍穴婚になるの。要は、自分の住処《すみか》と、相手の住処がくっつく。

2人でひとつのリラックスできる住まいを作るから、龍穴婚なんだ。

とりわけ、龍族同士の結婚をこう表現するんだけど。

で、はなゑちゃんの周りに、そういう人がいるのかい?

はなゑ そうなんです。しかも、その両方ともが電撃婚!

ある男性・Cさんは、講演会でのワーク中に自分の結婚相手が見え、本当に、すぐに結婚が決まったそうです。

私の講演会で行っているワークでは、瞑想《めいそう》状態になって、亡くなった人に会ったり、神様からメッセージをいただいたりすることがあるのですが。

この彼がワークを通じて見たのは、自分の龍穴に別の龍穴が近づいてきて、2つの龍穴がくっつく様子でした。どういうことかと思っていると、それは結婚を暗示していることが、なぜかはっきりわかったそうです。

しかもお相手は、1カ月ほど前に初めて会って、仕事の話を何度かしたことがあるだけの、Dさんという女性。実はDさんも大の一人さんファンで、この2人は私の講演会で出会ったらしいのですが（笑）。

いずれにしても、その段階では決して親しい間柄ではなく、「かわいい子だな」というくらいしか思っていなかった。

なぜDさんなのか、Cさんにはさっぱりわかりませんでした。

でも、このタイミングを逃してはいけない。

今、行動しなければ、このご縁はなくなってしまう。

不思議とそんな感情がわいてきて、彼は思いきってDさんに連絡を取り、交際を申し込んだわけです。

すると彼女は、「はい、よろしくお願いします」と即答。

その1週間後には、結婚しようという流れになったそうです。

おもしろいのは、なんとDさん、彼に交際を申し込まれる直前まで、まったく結婚願望などなかったそう。早く結婚させたいお母さんとの間でしょっちゅう喧嘩《けんか》をしていたらしいのに、こんなにスピード結婚するなんて（笑）。

一人

龍神様がついてくれているとね、魂が成長することが起きるんだよ。

その2人が結婚を決めたのも、**一緒になることで、魂がいちばん成長するから**なの。

はなゑ

なるほどー。私の講演会にいらっしゃる人って、どちらかというと最初は何かを我慢している人が多いんです。

だから講演会では、結婚よりも、むしろ離婚を勧めているのですが、なぜか結ばれる人も多いという不思議な現象（笑）。

一人 はなゑちゃんの講演会で学んだ人は、魂が成長してなんでも軽く考えられるようになるから、離婚はもちろんだけど、結婚だって直感で決められるようになるんだよね。

結婚っていうと普通の人はみんな重く考えるけど、自分の気持ちに正直に、軽い気持ちで結婚すればいい。

で、結婚後に嫌になったのなら、また軽い気持ちで離婚すればいいんだよ。

結婚しようがしまいが、離婚しようがしまいが、魂の成長に変わりないからみんな自由なの。特に結婚も、離婚も、２人の自由なの。

重く考えてしまうと、龍神様がすり抜けて行っちゃうからね。

はなゑ その通りですね、軽く考えれば、結婚も離婚も増えて当然でしょうね。

もうひとつ、エピソードをご紹介したいと思います。

Eさんという女性の話です。

彼女はある晩、夢を見たそうです。そこに出てきたのは、ここ1年くらいに私の講演会で知り合った男性・Fさん。

彼は一人さん仲間のひとりですが、たまにみんなで飲みに行ったりする程度の関係で、2人で会ったことはありません。

もちろん特別な感情もなく、「いい人だな」と思う程度の関係です。

その彼が突然夢に出てきた。しかも現在の彼だけでなく、彼が子どものころから成長していく過程の写真が、順を追うように出てきたのだとか。

Eさんは「不思議な夢だなぁ」と思っていたのですが、嫌な気持ちはしなかったそうです。

その1週間後に、いきなりFさんからプロポーズされたのです。

彼女は驚きつつも、これは運命なのだと確信し、迷うことなくOKしました。

Eさんも、自由を謳歌したいタイプですから、それまで結婚したいと思ったこともないような人です。にもかかわらず、手をつないだこともない相手とつき合うどころか、結婚を即決したのですからおもしろい（笑）。

でもね、結婚後もお互いの自由を尊重し合い、とっても素敵なカップルなんです。すごく幸せそうで、私もうれしいです。

さて、次の電撃婚は誰かな？（笑顔）

そんな話題で笑いの絶えない、私の講演会です（笑）。

ほどよいスキがツキを呼ぶ

一人

龍穴とセットみたいなもので、もうひとつ、「龍道《りゅうどう》（龍脈）」というのがあって。「龍の道」という字の通り、まさにエネルギーが流れる道のことなんだよね。

この道がある人は、龍神様に好かれてかわいがられる。

大きなプラスのエネルギーが味方になってくれるんだ。

はなゑ 龍道は、どうすれば作れるのでしょうか？

一人 **なんでもキチッとし過ぎないことだよ。**

要は「スキ」が龍道になるから、あんまり几帳面なのはダメなの。

例えば、お店で何か買うと、店員さんが外まで見送りに出て、こちらの姿が見えなくなるまで頭を下げていることってあるでしょう？

商売にはそれくらいの丁寧さが必要だと思い込んでいるんだろうけど、実は逆効果なの。

そこまでキチッとし過ぎちゃうと、龍の通る道がなくなって、エネルギーが停滞するの。だからお店も楽しくなくなっちゃう。

お蕎麦《そば》屋さんなんかでもね、出前の注文を受けると、配達のときに10円くれるところがあるの。

お客さんが電話代を使って注文してくれたからって、その分、返金してくれるわけだけど、こういう丁寧過ぎるお店も龍道がなくなっちゃうんだ。

はなゑ　そこまでしちゃいけないんですね!?

確かに、あまりきっちりし過ぎると、「ねばならない」の意識で固まって重苦しくなるから、龍神様の波動とズレてしまいますね。

一人　だから、「毎度ありがとうございます」って笑顔でお礼を言う程度でちょうどいいの。

もちろん、あんまりだらしないのもいけないけど、ものごとにはある程度の遊びというか、スキがなきゃいけないんだ。

はなゑ　きっちりし過ぎない、いい意味での「スキ」が必要なんですね。

なるほど、それなら私のところには、ものすごい数の龍神様がきてくれているかもしれないなー（笑）。

心の遊びが大成功を生むんだ

はなゑ　一人さんって、ドライブしたり、旅に出かけたりして、じっとしていることがありませんよね。それは、龍神様と何か関係があるからなのでしょうか？

一人　水が1カ所にとどまっていられないのと同じで、俺はなぜかあちこち動き回っているのが好きなの。もしかしたら、それははなゑちゃんの言うように、龍と関係しているのかもしれない。

ただね、龍族がみんな俺のように動き回っているかというと、そうじゃないよ。

龍族の人に共通するのは、何をやっていても「心に遊びがある」ことなんだ。

そういう意味で言うと、もし俺がどこかの部屋に缶詰にされたとしても、そのなかでじっとしていながら、心は好きな場所を旅するだろうね。

はなゑ　確かに、その答えはすごく一人さんらしいです！

一人　だから、いわゆる働き者を龍神系と言うわけじゃないんだ。

もちろん、働き者がいけないわけじゃないよ。働いて社会の役に立っているんだから、それはそれですごくいいことなの。

だからといって、働くことが好きじゃない人が無理して働き者になろうとしても、これは苦痛が伴うだけだからね。こういう人は、ほどほどに働けばいいの。

でね、ひとつ言えるとしたら、本当に龍神様がついている人間っていうのは、楽しく仕事をして、楽しく遊んでいると、みんなうまくいっちゃうんだ。

はなゑ　それは間違いありません。おかげさまでうちの会社も、私が楽しく遊ぶほど仕事がうまくいきますから（笑）。

私だけでなく、うちの特約店さんもそう。

楽しんでいたらお客さんが増えて収入がアップしたとか、遊んでいたら仕事がうまくいったとか。

そういううれしい報告が、今、どんどん寄せられています。

一人　うちで商品開発をするときだって、誰も研究なんてしないでしょう？

俺が毎日楽しくしているとき——まさにドライブ中やなんかに、パッと「これとこれを混ぜて、サプリメントを作ろう」っていうアイデアを思いつく。

そのアイデアで商品を作ったら、すごくいいものができるの。

だから、いつもヒットか大ヒットで、失敗がないんだ。

神ごとって、そういうものなの。

龍王九字にしても、滝に打たれたり、座禅したり、そういう修行なしにできる。

修行がいるものは俺の神ごとじゃないの。

何もしなくてもできちゃうのが、俺の神ごとなんだ。

はなゑ 一人さんって、いつもそうですよね。

降りてきたアイデアで試しに作ってみたら、いきなりすごくいいものができる。

普通の人には、ちょっとありえないかも。

一人 それはね、俺やうちの会社の人たちが生きていくのに困らない程度に、龍神様が面倒をみてくれているんだよね。

別に俺は、日本一の会社にしたいとか思っていないんだ。

はなゑ それなのに、納税日本一になっちゃった（笑）。

龍神様にかわいがられると、自分が望むよりはるかに大きな幸運がもたらされる。
本当に、一人さんほどそれを証明している人はいませんね。

俺に言わせれば「一寸先は光」だよ

はなゑ 一人さんの教えって、**絶対なる肯定**なんです。
何が起きようと、徹頭徹尾「これは自分にとってもいいことになる」って明るく受け止めるのが、一人さんのいちばんすごいところだと思います。

一人 先のことは予測がつかないことを、みんな「一寸先は闇」というんだけど。
あのさ、なぜ未来を闇にたとえるんだろう。
わざわざ未来に不安を抱かせるような言い方をする必要があるのかいって。

俺に言わせると、「一寸先は光」だよ。
未来はいいことばかりだと思ってワクワクしていたほうが、人生は楽しいよね。
第一、波動の法則で言えば、未来は明るいと信じていたほうがいいに決まっているでしょう？

はなゑ 明るい考えの人は、その波動によって、ますます幸せな人生を引き寄せます。
反対に、暗く重い考え方をしている人には、そのネガティブな波動通りの人生がもたらされてしまいますよね。

一人 その通りだよ。でね、**「一寸先は光」だと考えられるのが、龍族の魂を持っている人なんだ。**
龍族の魂を持つ人は、明るく楽しい考え方ができる。

だからこそ龍神様にかわいがられるし、守ってもらえるの。

はなゑ この世界は、明るい思いを持つ人が多くなればなるほど、天国に近づきます。

もちろん、その逆もありえます。

地球に暮らしている私たち人間が、よい波動を持つか、悪い波動を持つかによって、この世界を天国にも地獄にもすることができるんですよね。

だからこそ不安からものを言うのではなく、明るく楽しい考え方をして、よい波動を出さなきゃいけない。

そのリーダー役となるのが、龍族の魂を持つ人なんでしょうね！

龍神様をまねすれば困ったことは起きない

一人 今、地球の温暖化が世界規模の問題になっていて、このままだと地球が滅亡すると言う人がいるんだよね。

でも、そんなことはありえないから心配いらないの。

じゃあ温暖化を放置しておいてもいいんですかって、そういうわけではない。

例えば、ある日本の男子学生が、温暖化の原因となる二酸化炭素を空気中から回収する装置を開発したらしいんだよね。

みんなが明るくて楽しい波動を出していると、こういうすばらしい知恵が、世界中の学者に天からもたらされるの。

俺たちが明るくて楽しい気持ちで毎日を過ごすことが、地球を助けることになるんだ。

はなゑ　神様は絶対に、この地球を壊すようなことはしませんよね。

一人　そうだよ。この地球という星は、自分より成長した魂と、自分より未熟な魂が一緒に存在しているめずらしい星なんだ。

学びにとって、こんな貴重な星はほかにはないんだよ。かけがえのない星なんだ。

そんな星を壊すことを、神様が許すはずがない。神様を信じて、安心していればいいんだよ。そのなかで、自分がどちらの魂を見習うかが大事なの。

さっきの話で言うと、「一寸先は闇」という重くネガティブな考え方をしながら生きるのか、「一寸先は光」という龍神様の生き方をするのかってこと。

この星は魂が学ぶための場であり、いつ、どのような学びをもって魂を成長させるかは、それぞれの魂に委ねられている。

だから、どちらの生き方をしようと自由なんだよね。

魂の成長に期間もないし、ゆっくり学びたい人は時間をかけて魂を成長させたらいいの。

ただ、ひとりひとりの魂は、生まれ変わるたびに成長する。

今世《こんせ》は未熟な魂で終えたとしても、来世では成長した魂になれるんだ。

放っておいても全体的に魂のレベルは上昇するから、いくら地球に危機が訪れたように思えても、必ず解決策がもたらされる。

俺たちは、安心して生きればいいの。

地球に優しい生き方をするために知恵を出す必要はあるけど、恐怖とともに生きる必要はないんだよね。

安心して、明るく楽しくきれいに生きる。

そんな龍神様の生き方をしていれば、困ったことは何も起きないよ。

はなゑ　龍神様の生き方をする人たち――つまり、龍族の魂を持つ人たちがたくさん集まると、どんなことが起きるのでしょうか？

一人　ものすごく豊かで平和になるんだよね。

龍神様は、もともと平和の象徴だから。
でね、本当は世界中の誰もが、平和を望んでいるんだよね。
ある意味、世界中の人たちみんな、地球を愛する龍族ということだよ。

おわりに

あなたは、絶対、大丈夫！

龍神様はいつもあなたのそばにいて、幸せに導いてくれます。

あなたはすばらしい龍族だから、絶対に龍神様にかわいがられているし、これからもずっと龍神様に守ってもらえるはずだよ。

安心して、あなたらしく楽しい道を歩んでください。

さいとうひとり

最強運になる！

付録の「ミニ龍旗」について

付録の「ミニ龍旗」は、斎藤一人さんが創設した会社「銀座まるかん」の年に一度の恒例パーティ「斎藤一人　愛弟子出陣式」の最後に登場する旗がもとになっています。

この旗のもと、「幸せになることから絶対退かない」という意味が込められているのです（詳細は52ページ参照）。

見える場所に飾ったり、持ち歩いたりすれば、龍が味方して、あなたに最高の幸福と幸運を運んで来てくれることでしょう。

斎藤一人さんとお弟子さんなどのサイト

斎藤一人さん公式ブログ

https://ameblo.jp/saitou-hitori-official

一人さんが毎日あなたのために、ついてる言葉を、日替わりで載せてくれています。ぜひ、遊びにきてくださいね。

斎藤一人さんTwitter

https://twitter.com/O4Wr8uAizHerEWj

右のQRコードを読み込むか、
下のURLからアクセスできます。
ぜひフォローしてください。

舛岡はなゑ公式ブログ …………… https://ameblo.jp/tsuki-4978/
　インスタグラム ………………… https://www.instagram.com/masuoka_hanae/?hl=ja
　YouTube ……………………… https://www.youtube.com/channel/UCWOyCWYcWWbP4tq6_qWOQAA

柴村恵美子さんのブログ ………… http://s.ameblo.jp/tuiteru-emiko/
　ホームページ ………………… http://shibamuraemiko.com

みっちゃん先生のブログ ………… https://ameblo.jp/genbu-m4900/
　インスタグラム ………………… https://www.instagram.com/mitsuchiyan_4900/?hl=ja

宮本真由美さんのブログ ………… http://s.ameblo.jp/mm4900/

千葉純一さんのブログ …………… http://s.ameblo.jp/chiba4900/

遠藤忠夫さんのブログ …………… https://ameblo.jp/ukon-azuki/

宇野信行さんのブログ …………… https://ameblo.jp/nobuyuki4499

高津りえさんのブログ …………… http://blog.rie-hikari.com/

尾形幸弘さんのブログ …………… https://ameblo.jp/mukarayu-ogata/

斎藤一人（さいとう　ひとり）

実業家、「銀座まるかん」（日本漢方研究所）の創設者。

1993年以来、毎年、全国高額納税者番付（総合）10位以内にただ1人連続ランクインし、2003年には累計納税額で日本一になる。土地売却や株式公開などによる高額納税者が多い中、納税額はすべて事業所得によるものという異色の存在として注目される。

著書に、『斎藤一人　絶対、なんとかなる！』『斎藤一人　俺の人生』『普通はつらいよ』『斎藤一人　世界一ものスゴい成功法則』『成功力』『斎藤一人　仕事はおもしろい』(以上、マキノ出版)などがある。

舛岡はなゑ（ますおか　はなゑ）

斎藤一人さんの名代。実業家。

東京都江戸川区生まれ。自ら開いた喫茶店「十《と》夢想家《むそうや》」で一人さんと出会い、事業家に転身し、大成功を収める。一人さんの教えである「本当の自分に気づき、幸せで豊かに生きる知恵」を実際に体験できる、今までにない楽しい「妄想ワーク」や「美開運メイク」を開発。講演会や執筆を通じ、一人さんの教えをたくさんの人に伝えている。

著書に『斎藤一人　白光の戦士』(PHP研究所)、『斎藤一人　奇跡を起こす「大丈夫」の法則』、一人さんとの共著に『斎藤一人　最強運のつかみ方』『人にもお金にも愛される美開運メイク』（以上、マキノ出版）などがある。


講演会、「美開運メイク」「斎藤一人　生成発展塾～舛岡はなゑスクール」に関するお問い合わせは、銀座まるかんオフィスはなゑ(電話03-5879-4925) まで。

装丁　田栗克己
構成　古田尚子
編集　高畑　圭

斎藤一人 龍が味方する生き方

仕事もプライベートも人生も思いのまま

2020年4月7日　第1刷発行

著　者　斎藤一人
　　　　舛岡はなゑ
発行人　室橋一彦
編集人　高畑 圭
発行所　株式会社マキノ出版
　　　　https://www.makino-g. jp
　　　　〒101-0062　東京都千代田区神田駿河台2-9
　　　　　　　　　　KDX御茶ノ水ビル3F
　　　　電話　ゆほびか編集部　03-3233-7821
　　　　　　　販売部　03-3233-7816
印刷・製本所　大日本印刷株式会社

ISBN　978-4-8376-7319-4

ゆほびかBOOKS 斎藤一人さんの本

斎藤一人 絶対、なんとかなる

言えば心が軽くなる、毎日笑って暮らせる

●「神様が味方する！」カード付き●

著者：斎藤一人

定価：本体1350円＋税

斎藤一人 俺の人生

すべてが成功する絶対法則

●みんなが笑顔になれる「一生百福」カード付き●

著者：斎藤一人

定価：本体1350円＋税

斎藤一人 最強運のつかみ方

1％の勝率を100％にする簡単なコツ

●一人さんの「成功はやすらぎ」カード付き●

著者：斎藤一人・舛岡はなゑ

定価：本体1400円＋税

斎藤一人 師匠は神様

逆風に神風を吹かすスゴイ教え

●「飾るだけで幸運を引き寄せる」カード付き●

著者：斎藤一人・尾形幸弘

定価：本体1400円＋税

斎藤一人 神はからい

すべての出来事に隠された本当の意味

●考え方が一変！「太陽の神」カード付き●

著者：斎藤一人・みっちゃん先生

定価：本体1400円＋税

マキノ出版 ☎03-3233-7816 https://www.makino-g.jp/

お近くに書店がない場合には、楽天ブックス（0120-29-9625）まで。

特別
付録

最強運になる！
ミニ龍旗
カード

使い方は167ページをご参照ください

八天龍王
斎藤ひとり

※線に沿ってていねいに切り取ってください

『斎藤一人　龍が味方する生き方』特別付録